Adolf Rosenberg, Benjamin Vautier

Vautier

Adolf Rosenberg, Benjamin Vautier

Vautier

ISBN/EAN: 9783743354241

Hergestellt in Europa, USA, Kanada, Australien, Japan

Cover: Foto ©ninafisch / pixelio.de

Adolf Rosenberg, Benjamin Vautier

Vautier

Liebhaber-Ausgaben

Künstler-Monographien

In Verbindung mit Andern herausgegeben

von

H. Knackfuß

XXIII

Vautier

Bielefeld und Leipzig
Verlag von Velhagen & Klasing
1897

Vautier

Von

Adolf Rosenberg

Mit 111 Abbildungen nach Gemälden und Zeichnungen

Bielefeld und Leipzig
Verlag von Velhagen & Klasing
1897

Von diesem Werke ist für Liebhaber und Freunde besonders luxuriös ausgestatteter Bücher außer der vorliegenden Ausgabe

eine numerierte Ausgabe

veranstaltet, von der nur 100 Exemplare auf Extra-Kunstdruckpapier hergestellt sind. Jedes Exemplar ist in der Presse sorgfältig numeriert (von 1—100) und in einen reichen Ganzlederband gebunden. Der Preis eines solchen Exemplares beträgt 20 M. Ein Nachdruck dieser Ausgabe, auf welche jede Buchhandlung Bestellungen annimmt, wird nicht veranstaltet.

Die Verlagshandlung.

Nach einer Aufnahme von C. Luck in Düsseldorf.

Benjamin Vautier.

Die deutsche Genremalerei des neunzehnten Jahrhunderts hat den Höhepunkt ihrer Entwicklung in drei Meistern erreicht, die man stets zusammen nennt, die aber nach ihrer Herkunft wie nach ihrem innersten Wesen von einander grundverschieden sind. Ludwig Knaus, der aus Wiesbaden gebürtige Rheinländer, hat trotz seiner ersten Erfolge, die tief im deutschen Volkstum, im Leben der deutschen Bauern wurzelten, durch seinen Aufenthalt in Paris Eindrücke empfangen, die ihn allmählich über sein erstes Gebiet hinaus zu einer Universalität trieben, die sich weit über die Grenzen seines Vaterlandes hohes Ansehen und Geltung verschafft hat. Der zweite, der nur wenige Jahre nach ihm kam, Benjamin Vautier, ist in der französischen Schweiz geboren, aber trotz seiner Abstammung und Erziehung ein deutsch-nationaler Künstler, an dem ein Aufenthalt in Paris spurlos vorübergegangen ist. Dasselbe geschah an dem dritten unserer großen Genremaler, an Defregger, dem das französische Wesen nichts anthat, obwohl er bei seinem ersten Besuche in Paris noch keineswegs etwas als Künstler bedeutete. So sind denn auch Vautier und Defregger, freilich jeder nach seinem Temperament, die urwüchsigsten unserer Genremaler geblieben: der französische Pastorssohn immer hübsch manierlich, zart und sittsam, der tirolische Bauerssohn bisweilen trutzig, wild aufbegehrend, dann aber auch wieder sanft und gemütvoll. Während aber bei Defregger entweder alles auf einen grimmen oder scharflustigen oder idyllischen Ton gestimmt ist, ohne daß die Charaktere tiefer ergründet werden, die feinsten seelischen Regungen gleichsam aus den Angesichtern herausspringen, ist Vautier der zartfühlende Seelenforscher und Seelenkünder, dem sich die Herzen nur langsam auf gütiges Zureden öffnen, und in dieser gar köstlichen Fähigkeit liegt das Moment, das ihn von Knaus und Defregger als gleichbedeutende, künstlerische Persönlichkeit unterscheidet.

Benjamin Vautier ist am 24. April 1829 in Morges am Genfer See als Sohn eines Pfarramtskandidaten geboren worden, der dort bis zu seiner Berufung auf eine Pfarrerstelle ein Lehramt verwaltete. „Dort in der herrlichsten Natur, unterm Schatten der Kastanien und Nußbäume, in einem schon fast südlich milden Klima verlebte er seine Kindheit in einer Atmosphäre von Liebe und Wärme, die sich alsbald auch seinem lebhaften und heiteren Wesen als Grundton ausprägten." Der Vater war, wie ihn Friedrich Pecht nach den Mitteilungen seines Sohnes schildert, ein frommer, strenggläubiger, aber doch überaus milder und menschenfreundlicher Mann, und die Mutter scheint ebenfalls sehr sanft und gütig, aber auch reich an Phantasie gewesen zu sein. Ihr Bruder vertrat in der Familie das künstlerische Element, indem er in seinen Mußestunden „mit Talent und Leidenschaft zeichnete und malte." Wer also etwas von der Vererbungstheorie auch in guten Sinne hält, kann annehmen, daß der junge Benjamin vom Vater die äußere Strenge der Form in Verbindung mit innerlich mildem Wesen, von der Mutter die Empfänglichkeit für künstlerische Eindrücke und vom Oheim die Fähigkeit, solche zeichnerisch und malerisch festzuhalten, geerbt habe. In seiner ersten Jugend bestand seine künstlerische Nahrung freilich nur in der französischen illustrierten Zeitschrift „Le monde illustré", einem wohlfeilen Blatte, das überall, wo französisch gesprochen wurde, weit verbreitet war und noch ist. Bei dem billigen Preise waren die

1*

Abb. 1. Studie aus Herrischried (Hauensteiner Bauer).

Illustrationen sehr roh, und sie hätten auch nicht besser sein können, weil damals der kostspielige und zeitraubende Holzschnitt das einzige Vervielfältigungsmittel für den Massenbedarf war. Trotzdem wurde der junge Bautier durch diese Bilder so lebhaft angeregt, daß er schon in seinen ersten Schuljahren zum Ergötzen der Kameraden durch Bildnisse oder vermutlich nur Karikaturen der Lehrer seinem künstlerischen Drange Luft machte. Die Lage seines Vaters hatte inzwischen einen soliden Grund durch eine Berufung auf die Pfarrerstelle in Noville im Rhonethal erhalten, und daraufhin getraute er sich, den Sohn, in dem er sich einen Nachfolger in seinem geistlichen Berufe erziehen wollte, auf das Gymnasium in Lausanne zu schicken. Aber auch dort, wo der junge Benjamin beinahe fünf Jahre verweilte, machten sich in ihm keine Regungen geltend, die auf einen gelehrten Beruf gedeutet hätten. So war es denn für ihn gewissermaßen ein Glück, als im Jahre 1847 in der Schweiz ein politischer Umschwung eintrat, der zunächst in den Wirkungskreis seines Vaters eingriff. Nach der neuen Verfassung durfte sich fortan jede Gemeinde ihren Pastor allein wählen, und Vater Bautier wurde wegen seiner strenggläubigen Gesinnung nicht wieder gewählt. Durch diesen Umschwung in den häuslichen Verhältnissen wurde der junge Bautier ermutigt, bei seinem Vater mit Hilfe seiner Mutter den Versuch zu machen, jenen für einen Berufswechsel günstig zu stimmen, da er sich inzwischen Klarheit darüber gewonnen hatte, daß er zum Maler geboren war. Der Künstlerberuf stand damals bei den auf soliden Erwerb bedachten Schweizern nur in geringer Achtung. Was die Meisten von Künstlern kannten, waren mehr oder weniger armselige Gesellen, die ihr Brot mühsam mit dem Kolorieren von geätzten oder gezeichneten Landschaften verdienten, die sie entweder selbst im Sommer an die Fremden verkauften oder für Kunsthändler auf Bestellung lieferten. Dieser Industriezweig hat sich noch lange in der Schweiz erhalten, bis ihm die Erfindung der Photographie und der darauf beruhenden mechanischen Reproduktionsverfahren den Garaus machten. Künstler werden hieß also damals in der Schweiz, wie Pecht treffend bemerkt, ungefähr soviel, wie unter die Schauspieler, Kunstreiter und Gankler gehen.

Bautier stieß denn auch bei seinem Vater auf entschiedenen Widerstand, der aber bald von selbst aufhörte, da sich der alte Bautier genötigt sah, in Frankreich eine Pastorstelle zu suchen. Er konnte den Sohn nicht mehr unterstützen, und dieser begab sich, aller Fesseln ledig, nunmehr nach Genf, wo er ein Jahr lang bei einem Maler Namens Hébert Zeichenunterricht nahm und dann, des Broterwerbs wegen, zu einem Emailmaler in die Lehre trat, wobei er sich jedoch zu einer vierjährigen Lehrzeit verpflichten mußte. Er bemalte nun Uhrgehäuse, Broschen und andere Schmuckgegenstände, fand aber in seinen Mußestunden noch Zeit und Lust, auch der hohen Kunst zu dienen, indem er Bildnisse, landschaftliche Aquarelle und Ähnliches malte, die bei Kunsthändlern Absatz fanden. Auch bildete er sich in der Zeichenakademie des Musée Rath und nahm dort regelmäßig am Abendakt teil. Dadurch kam er allmählich mit den Künstlerkreisen Genfs in Berührung. Er lernte durch den ihm wohlwollenden Kunsthändler den Landschaftsmaler Diday, seinen berühmten Schüler Calame, den Geschichtsmaler Lugardon, einen Schüler der Franzosen Gros und Ingres, und den Geschichtsmaler Joseph Hornung kennen. Von diesen bewegte sich aber nur letzterer auf einem Gebiet der Malerei, das demjenigen verwandt ist, auf dem Bautier später seinen Ruhm begründete. Bevor sich Hornung ganz der Geschichtsmalerei zuwendete, hatte er eine Reihe von Genrebildern aus dem savoyischen Volksleben gemalt, die wegen ihrer für die damalige Zeit realistischen Auffassung und wegen ihres gesunden Humors seinen Namen auch über die Grenzen der Schweiz hinaus bekannt machten. Vielleicht hat der Anblick dieser Bilder auf die spätere Entwicklung Bautiers mit eingewirkt.

Der junge Mann hatte mit seinen Arbeiten so viel Glück, daß er sich schon nach zweijähriger Thätigkeit als Emailmaler von seinem Lehrmeister für 1200 Francs loskaufen und sich ganz seiner Kunst widmen konnte. Um zunächst malen zu lernen, trat er in das Atelier des obenerwähnten Lugardon, hielt sich darin aber nicht lange auf und malte dann noch etwa zwei Jahre in Genf auf eigene Faust weiter. Um diese Zeit war der geistvolle, aus Lausanne gebürtige Genremaler Jacques Alfred van Muyden nach längerem Aufenthalt in Rom in die Künstlerkreise Genfs getreten, wo er durch seine gemüt- und anmutsvollen Bilder aus dem römischen Volksleben bald allgemeine Aufmerksamkeit erregte. Sein ganzes künstlerisches Wesen, besonders sein feingestimmtes, angenehmes, wenn auch etwas mattes Kolorit übte auf den ihm geistig verwandten jungen Bautier eine starke Anziehungskraft aus, und so wandte sich dieser vertrauensvoll an ihn, um ihn wegen seiner ferneren Ausbildung, für die ihr Genf nichts mehr zu bieten schien, um Rat zu fragen. Nach Paris, das für die französischen Schweizer damals wie noch heute die hohe Schule der Kunst war, durfte und wollte er nicht gehen, weil sein Vater ihm einen Aufenthalt in dem verderbten Paris streng verboten hatte, und so riet ihm van Muyden, es mit München oder besser noch mit Düsseldorf zu versuchen. Bautier entschied sich für das letztere und zog 1850 nach der Musenstadt am Rhein, wo sich um diese Zeit bereits ein von der Akademie unabhängiges, reich blühendes Künstlerleben entwickelt hatte. Aber für Bautier war damals die Akademie noch das einzig erstrebenswerte Ziel. „Sein erstes Debut war aber, wie Pecht nach den Mitteilungen des Künstlers erzählt, nichts weniger als aufmunternd. Er hatte eine Anzahl, wie er glaubte, nicht ganz schlechter, aber nach der französischen, viel verständigeren Art statt mit Kreuzstrichlagen und vorzugsweiser Ausbildung des Kontours in einfacher und energischer Flächenbehandlung mit genauem

Abb. 2. Studie aus Herrischried.

Abb. 3. Studien nach Schwarzwälder Bauern.

Studium der Valeurs gezeichneter Akte und Porträte mitgebracht. Mit ihnen präsentierte er sich dem Direktor Schadow. Dieser, alt und starr, durch lange Verwöhnung überdies sehr despotisch und pedantisch geworden, schmiß sie trotz der Empfehlung durch einen vornehmen Herrn und persönlichen Freund Schadows, der Bautier in Genf kennen gelernt, verächtlich bei Seite und sagte: „Das ist ja alles unbrauchbares französisches Zeug! Sie müssen ganz von vorne anfangen, wenn Sie etwas Rechtes lernen wollen." Das that Bautier nun allerdings nicht. Er kehrte vorläufig der Akademie den Rücken und malte ein paar Monate lang Studien im Atelier eines Freundes. Mit diesen und den Aktzeichnungen, die Schadow verworfen hatte, beteiligte er sich an der alljährlichen akademischen Konkurrenz, und jetzt entschied die Majorität des Lehrerkollegiums zu seinen Gunsten, so daß er sofort in die Malklasse aufgenommen wurde. Er nahm aber nur acht Monate lang an dem Unterricht teil, weil er bald inne ward, daß er bei dem Zustand der Verwahrlosung, in den die Akademie allmählich in den letzten Jahren der Schadowschen Leitung geraten war, nicht viel lernen konnte. Er begab sich nun zu Rudolf Jordan, der damals auf der Höhe seines Ruhmes stand, den er sich durch seine außerordentlich naturwahren, bald humoristischen, bald tragischen, immer aber durch dramatischen Inhalt fesselnden Darstellungen aus dem Leben der helgoländischen, holländischen und normännischen Fischer und Seeleute erworben hatte. Wenn sich Bautier auch nicht für dasselbe Stoffgebiet, überhaupt nicht für die Darstellung des Dramatischen entschied, so hat er doch während der Jahre, wo er bei Jordan malte, sehr viel von diesem gelernt. Jordan war, wie Pecht mit Recht betont, der erste innerhalb der Düsseldorfer Schule gewesen, der „wahrhaft der Natur abgelauschte und nicht bloß im Atelier erfundene Figuren zugleich mit vollendeter Meisterschaft der Zeichnung wie des Kolorits brachte." Er ist der erste gewesen, der eine koloristische Entdeckung machte und als erster in die Schule einführte, die später als etwas durchaus Selbstverständliches betrachtet wurde, indem er nämlich zuerst die grauen Lufttöne, überhaupt das Grau in der Malerei ausgiebig zur Anwendung brachte und dadurch seine Darstellungen mit dem Scheine wirklichen Lebens erfüllte. Das hat auch Bautier von ihm gelernt; während Jordan aber in den letzten Jahren seines Lebens von diesen grauen Mitteltönen einen so reichlichen Gebrauch machte, daß manche seiner Bilder so zu sagen in Grau ertranken, hat der maßvolle Bautier stets die richtige Mitte zu halten gewußt, so daß der graue Gesamtton niemals den farbigen Reiz seiner freundlichen Lokaltöne überwucherte. Nachdem er noch eine Zeit lang für sich allein gemalt hatte, unternahm er im Sommer 1853 zum erstenmale wieder eine Reise in die Heimat, nach dem Berner Oberland, wo er den ausgezeichneten Genre-

und Landschaftsmaler Karl Girardet, den berühmtesten dieser weitverzweigten schweizerischen Künstlerfamilie, kennen lernte und durch ihn auf die landschaftlichen Reize seiner Heimat und den unerschöpflichen Reichtum seines Volkslebens aufmerksam gemacht wurde. Obwohl sich Girardet in Paris, in der Schule des großen Koloristen Léon Cogniet, gebildet hatte, war er in seiner Anschauung und Auffassung der Natur und der Menschen weniger mit den Franzosen als mit den deutschen Genre-malern verwandt, deren beste er in seinen hervorragendsten Bildern an Gemütstiefe durchaus erreicht hat. Auf seine Anregung malte Vautier den ganzen Sommer hindurch Studien nach der Natur. Aber es wollte sich noch immer kein rechtes Bild aus diesen Studien gestalten, und wieder vergingen Jahre des Experimentierens, bis er im Sommer 1856 wieder einen längeren Aufenthalt in Genf nahm, wo er bei seinem alten Freunde und Lehrer van Munden malte und von

Abb. 4. Schwarzwälderin. Nach einer Zeichnung.

Abb. 5. Schwarzwälderin. Nach einer Zeichnung.

diesem noch mit stärkerem Nachdruck auf die Schilderung des Bauernlebens hingewiesen wurde. Inzwischen hatten die in Paris gemalten Bilder des jungen Knaus, der 1852 nach seinen ersten großen Erfolgen mit seinen Genrebildern aus dem ländlichen Leben dorthin gezogen war, in Düsseldorf und anderswo so großes Aufsehen erregt, daß Vautier dem glänzenden Gestirn zu folgen beschloß. Noch im Herbst des Jahres 1856 ging auch er nach Paris; aber er hielt es dort, trotzdem daß er bereits die Ausführung einer figurenreichen Komposition begonnen hatte, nur sechs Monate lang aus. Er empfand, daß Paris nicht der richtige Ort war, um deutsche Bauern zu malen, und er begegnete damit auch der Stimmung, die in Düsseldorf allmählich den in Paris entstandenen Bildern von Knaus gegenüber aufkam. Sehr bezeichnend in dieser Richtung ist, was der Kritiker der „Kölnischen Zeitung", Hermann Becker, der selbst Maler war, bei dem Erscheinen von Knaus „Goldener Hochzeit" über dieses berühmte Bild geschrieben hat. Das Bild, sagt er, habe als Ganzes einen großen Mangel, nämlich „den, daß es nicht ganz wahr ist... Kostüme, Lokalität sind unzweifelhaft deutsch; auch der Vorgang ist deutsch; alles übrige ist es aber nicht. Sämtliche Teilnehmer am Feste, mit wenigen Ausnahmen, sind keine Deutsche, des damals in Deutschland einzigen Kunstblattes, „zeigte uns in seinem Atelier ein anmutiges Bild, ein junges blondes Mädchen am Spinnrocken singend, wie die Haltung des Kopfes und die geöffneten Lippen zeigen, und daneben, den müden Kopf auf die Hand gestützt, eine Alte am Herde sitzend. Der magere Arm der Alten, ihre

Abb. 6. Studie zu dem Bilde „Sonntag Nachmittag in Schwaben."

sondern Franzosen, Pariser Modelle als deutsche Bauernburschen und -mädel maskiert."

In die Thätigkeit Bautiers nach seiner Rückkehr aus Paris gewährt uns ein Bericht des „Deutschen Kunstblattes" aus dem Sommer 1857 einen interessanten Einblick. „Benjamin Bautier aus Genf, jetzt in Düsseldorf, wo ihm eine schöne, liebliche Braut blüht," so schreibt der Korrespondent ganze Stellung, alles hatte etwas ungemein Lebenswahres, die einfache Situation etwas sehr Ansprechendes. Ergötzlich war das Mittagsmahl in einer Bauernstube: die Mutter, eine kräftige, frische Gestalt, füllt eben die Suppe zum zweiten Male einem derben Knaben auf, der offenbar den gesundesten größten Magen in der Familie hat und aufgestanden ist, um den Teller zu reichen, ein anderes Kind läßt es sich schmecken, ein ganz kleines, blond gelocktes Jüngelchen, noch gerötet vom Schlaf, im Hemdchen, nur mit Strümpfen bekleidet und im zitternden Händchen den Löffel haltend, sieht eifrig in den Teller hinein, ein größeres schlankes Mädchen hat sich eben zu Tisch gesetzt und blickt zum Bilde hinaus auf den Beschauer. Noch ein angefangenes stück zu Schrödters (des Düsseldorfer Humoristen) Küfer. Er zeigte uns noch eine alte hexenhafte Frau, die er mit Knaus zusammen nach dem Leben im Schwarzwald gemalt, schaurig anzusehen, und erzählte uns, wie die Alte durchaus gewünscht, daß einer von ihnen ihr Enkelchen, eine vierschrötige Dirne mit strohgelbem Haar, heiraten sollte,

Abb. 7. Aus den Vorstudien zu dem Bilde „Sonntag Nachmittag in Schwaben."

Bild, Landleute in den Kirchenstühlen sitzend und singend, versprach viel, die Zeichnung und Anlage der Köpfe, der Ausdruck der Gesichter war sehr schön; mit vorzüglicher Liebe wieder war das ausdrucksvolle Profil einer alten Frau gemalt. Eine Skizze, ein Berner Mädchen in der kleidsamen Tracht, und schön, wie fast alle Berner und Brienzerinnen, war ein liebliches Seiten- und ihnen vorerzählt, wie schön sie die jammervolle Hütte unter dem Felsgestein, wo sie wie eine von Macbeths Hexen thronte, herrichten wollte."

Aus diesem Bericht treten uns trotz seiner knappen Fassung bereits ein paar Bilder von Vautier wenigstens in leichten Umrissen entgegen. Er war in den sechs oder fast sieben Jahren seines Aufenthalts in

Düsseldorf keineswegs träge gewesen. Er hatte im Gegenteil emsig gezeichnet und gemalt und es war ihm sogar eine öffentliche Auszeichnung zuteil geworden, indem er im Juni 1857 auf einer Kunstausstellung im Haag eine silberne Medaille erhalten hatte. Aber zu einem durchschlagenden Erfolg, der einem Aufstrebenden erst den rechten Mut und das Vertrauen zu seiner Kraft einflößt, war er noch nicht gediehen. Er sollte ihm aber schon im nächsten Jahre und den Seinen und den jüngeren Bahnbrechern der realistischen Naturanschauung aufs heftigste entbrannt war. Gegen das majestätische Pathos eines schweren philosophischen Gedankeninhalts trat das Plänklervölkchen der leichtfüßigen, wanderfrohen Genremaler auf, die sich durch „faßliche Geberden" schnell in die Gunst des von schwerer Gedankenarbeit ermüdeten und nach einem frischen Trunke aus dem Borne der Natur lechzenden Publikums einschmeichelten.

Abb. 8. Studie zu dem Bilde „Fahrt über den Brienzer See zum Begräbnis" (1872).

durch die Vollendung jenes bereits in Paris angefangenen, auch in dem obigen Berichte erwähnten Bildes „In der Kirche" werden, das er zuerst in Düsseldorf, dann auf der großen historischen Ausstellung in München in die Öffentlichkeit brachte. Man muß sich in jene Zeit zurückversetzen, um die Verschiedenartigkeit der Urteile zu begreifen, die dieses Bild in Kunst- und Tageszeitungen hervorgerufen hat. Es war die Zeit, in der der Kampf zwischen den künstlerischen Vertretern der idealistischen Geschichtsmalerei im Sinne eines Cornelius Das Wort, das König Ludwig I. von Bayern zu Cornelius gesprochen, als er im Groll von diesem schied: „Der Maler muß malen können!" war auf fruchtbaren Boden gefallen und hatte auch bald eine weitere Um- und Ausdeutung erfahren. Der Maler muß nicht bloß malen, sondern auch etwas darstellen können, was nicht zwischen Himmel und Erde schwebt, was vielmehr auf dieser Erde selbst zu sehen und zu finden ist. Mit dem Blick für die Farbe ist, so scheint es, den deutschen Malern unseres Jahrhunderts auch erst der Blick für das, was rings um sie lebte, sich bewegte, dachte und fühlte, aufgegangen, und so kam allmählich mit der Lust, frohe, glänzende Farben auf die Leinwand zu streichen, das zustande, was die kunstgeschichtliche Betrachtung späterer Zeiten sehr glücklich mit dem Worte „Einkehr in das Volkstum" bezeichnet hat.

Unser Vautier war, fast gleichzeitig mit Knaus, aber unabhängig von diesem, in dem er nur den größeren Techniker, den größeren Virtuosen des Kolorits bewunderte, durch seine schweizerischen Freunde in dieses Volkstum eingeführt worden, und aus ihm schöpfte er, anfangs mit langsamen, bedächtigen Zügen, bis es ihm gelang, in der Kirchenscene seine schweizerischen Naturstudien zu einer bildmäßigen Einheit zusammenzufassen. So hatte er wenigstens geglaubt. Aber seine Kritiker dachten anders. Daß ein Bild anders als komponiert, d. h. auf einen Mittelpunkt bezogen werden könnte, dem sich alle Nebenfiguren unterzuordnen hätten, das stand damals als oberster Grundsatz aller Malerei fest. Daß aber ein Maler auch einmal ein schnell erfaßtes Augenblicksbild auf die Leinwand werfen, sozusagen einen Ausschnitt aus der Natur, unbekümmert um Anschluß oder Beziehung auf einen geistigen Mittelpunkt, frisch und flott wiedergeben könnte, war so sehr gegen jede Überlieferung, daß von den strengen Kritikern nur langsam und widerwillig die Stimme der Natur verstanden wurde, die laut und vernehmlich aus dem ersten großen Werke Vautiers sprach.

Die erste kritische Stimme, die wir noch ausfindig machen können, ließ sich zu Anfang des Jahres 1858 im „Deutschen Kunstblatt" hören, wobei schon auf die Paragraphen des alten ästhetischen Kodex verwiesen wurde. „Von Vautier", so schreibt der Korrespondent, „sehen wir ein feines Charakterbild: einen Teil der andächtigen Sänger in einer Kirche. Auch wir fühlen uns durchdrungen von dem Satze: nicht das Was, sondern das Wie mache das Objekt zu einem erquicklichen Kunstwerke; allein hier hätte der sinnige Künstler ohne Mühe irgend ein Motiv, das die dargestellte Handlung in besonderem Grade vertreten und verstärkt hätte, ein Pointe der Komposition schaffen können, wodurch das Bild den gar zu deutlichen Schein einer Episode verloren hätte. Die dargestellten frommen Sänger und Sängerinnen sind vortrefflich charakterisiert und mit dem feinsten Sinn für Farbe und mit Noblesse der Form ausgeführt. Wir hatten schon öfters Gelegenheit, dergleichen Szenerien dargestellt zu sehen, aber selten mit Befriedigung: die vielen offenen Münder und zahllosen Mäuler wurden entweder langweilig oder geradezu unästhetisch. Das ist bei Vautier nicht der Fall: man sieht die sämtlichen Leute gern singen und erfreut sich der edlen, gefühlvollen Auffassung und der geistreichen, sicheren Behandlung." Dieses allerdings nur karge Lob schien einem anderen Düsseldorfer Korrespondenten des „Deutschen Kunstblattes" nicht der wirklichen Bedeutung des Bildes angemessen, und darum hielt er es für seine Pflicht, einige Monate nach seinem Kollegen noch günstiger als dieser auszusprechen. „Ja, ich möchte es", so schreibt er, „rücksichtlich der von jeder Art von Effekthascherei fernen, durchaus schlichten und naiven und dabei die vollendetste Meisterschaft bekundenden Auffassung und Ausführung zu den schönsten Genrebildern zählen, welche hier bisher zu sehen gewesen sind." Als dann das Bild auf der Münchener Ausstellung von 1858 erschien, mußte selbst der strenge Cornelianer, Hermann Becker, der schon genannte Kunstberichterstatter der „Kölnischen Zeitung", trotzdem er manches an der realistischen Komposition, die ihm nicht bedeutend genug erschien, auszusetzen hatte, dennoch eingestehen: „Die Wahl und Zusammenstellung der verschiedenen Charaktere und ihre Darstellung bis in die feinsten Züge der Individualität ist vortrefflich. Dabei zeigt das Bild eine Meisterschaft der malerischen Behandlung, die höchste Vollendung mit den einfachsten Mitteln, welche die volle Bewunderung verdient." Wie groß aber in Wirklichkeit der Erfolg des Vautierschen Bildes in München war, erfahren wir erst aus den Erinnerungen Pechts, der noch schärfer als Becker das koloristische Verdienst ins Auge faßte und sich dabei blitzwenig um die bedeutende und unbedeutende Komposition kümmerte, wozu übrigens schon Vautier durch den anspruchslosen Titel „In der Kirche" ganz und gar nicht herausgefordert hatte. „Wir finden uns in einer Schweizer Dorfkirche während des Gottesdienstes, den man indes nicht, son-

Abb. 9. Studie zu dem Bilde „Fahrt über den Brienzer See zum Begräbnis" (1872).

dern nur die demselben beiwohnenden Andächtigen in den Bänken sitzen sieht, wie sie eben den Choral singen. Ist nun die Charakteristik aller einzelnen Figuren schon ebenso gut als die Verschiedenheit ihres Ausdruckes, so fällt unter ihnen doch ein junges neben Mutter und Großmutter sitzendes Mädchen durch seine Schönheit wie die Innigkeit seiner Andacht besonders auf. Sie in Verbindung mit dem feinen grauen Ton des Bildes, der unserer Münchener Malerei damals fast unbekannt war, entschieden den Erfolg und setzten es in der Rangordnung unmittelbar neben jene mit Katzen spielende Pariser Grisette, durch deren stupende Darstellung sich Knaus gleichzeitig an die Spitze der deutschen Genremaler stellte."

Trotz dieses großen Erfolges hielt sich, Vautier gegenüber noch lange die alte kritische Lehre, die sich an das Gegenständliche anklammerte und zuerst nach einer einheitlichen Komposition fragte. Daß auch das gelegentlich Beobachtete, das rein Zufällige, das vom Zufall Buntzusammengewürfelte ebensogut der Gegenstand malerischer Behandlung sein könnte, war damals nur wenigen verständlich, vielleicht nur den Malern, die ihrem Kunstgenossen nachfühlen konnten, eine wie hohe Befriedigung es Vautier gewähren mußte, sich mit seinem feinen Spürsinn in die ruhige Existenz zu versenken, eine Physiognomie, eine Gestalt bei der Rast am Wege oder im Wirtshaus zu studieren und daraus neben dem Charakteristischen auch das malerisch Reizvolle zu schöpfen. So kann es nicht auffallen, daß ein zweites, noch umfangreicheres Bild

Abb. 10. Begräbnis auf dem Lande. (Mit Genehmigung der Photographischen Gesellschaft in Berlin.)

Bautiers, das bald nach der Kirchenszene vollendet wurde, auch bei ihm sonst wohlgesinnten Kritikern wenig Beifall fand. Auch bei diesem Bilde hatte Bautier wieder nicht an eine geschlossene Komposition, an einen „bedeutenden" Inhalt gedacht. Er nannte das Bild ganz anspruchslos „Auf einem Dampfschiff auf dem Genfer See" während des Jahres 1857 seine Arbeit sehr erschwerte, die Schuld daran. Aber dieses Leiden war doch nicht heftig genug gewesen, um die schöpferische Kraft Bautiers ganz lahm zu legen; denn der Kritiker fügt seinem Tadel hinzu: „Sieht man aber hiervon ab und vertieft sich in die verschiedenen, mit feinster Beobachtungsgabe

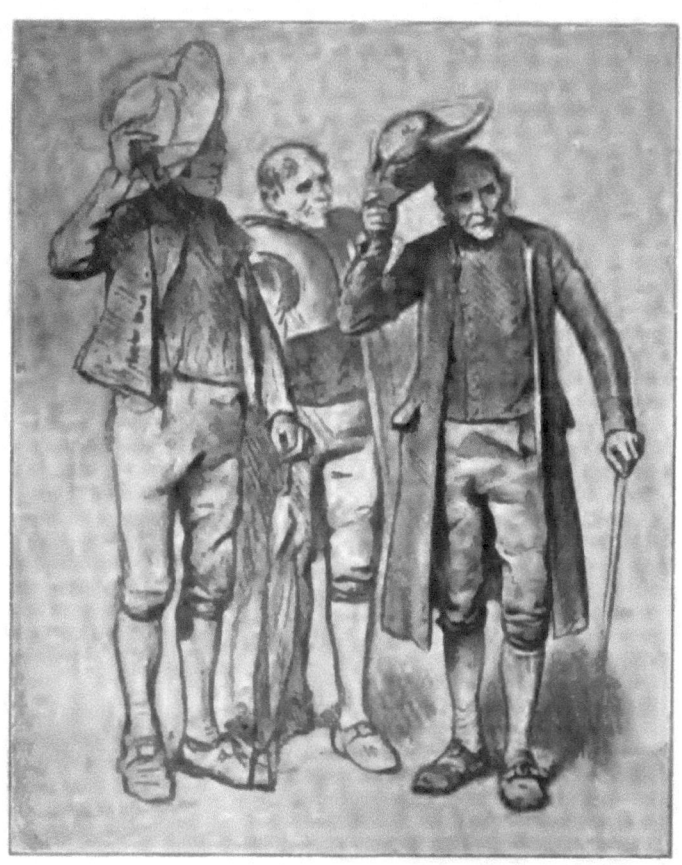

Abb. 11. Studie zu dem Bilde „Begräbnis auf dem Lande." S. S. 13.

und mehr wollte er auch nicht geben als einen Moment aus dem beständigen Auf- und Absluten der Passagiere. Aber selbst der wohlwollende Kritiker des „Kunstblattes", der die Kirchenszene mit Nachdruck verteidigt hatte, glaubte einen Rückschritt in Bezug auf „Gesamtwirkung und Farbe" feststellen zu müssen. Vielleicht hat, wenn dieser Tadel begründet ist, ein körperliches Leiden des Künstlers, das ihm der Wirklichkeit abgelauschten Charaktere und Situationen, die eine solche Dampfschiffsbevölkerung darzubieten pflegt, so vergißt man die Mängel der Gesamtwirkung und kann nicht umhin, auch diesem Bilde einen hohen Kunstwert zuzuerkennen." Es ist offenbar nur eine gewundene Höflichkeitsphrase, mit der der ästhetisch geschulte Kritiker sein Gewissen zu beschwichtigen sucht; aber er muß doch den Wirklichkeitssinn anerkennen, der sich schon in den ersten Werken des langsam reif gewordenen Vautier offenbarte. Endlich waren ihm seine in mehreren Jahren voll unsicheren Herumtastens gewonnenen Studien zu gute gekommen, und nachdem er festen Boden unter den Füßen gewonnen hatte, malte er zunächst noch an mehreren Bildern, deren Motive dem schweizerischen Volksleben entnommen waren. Währenddem hatten sich seine Augen aber bereits auf einen stammverwandten Volkszweig gerichtet, auf den er, wie es scheint, zuerst durch die Bilder von Knaus und diesen selbst aufmerksam gemacht worden ist.

Dem Gewährsmann des „Deutschen Kunstblattes" hatte Vautier von einer Studienreise nach dem Schwarzwald erzählt, die er zusammen mit Knaus gemacht hatte. Die Schwaben im Schwarzwald und die Alemannen in der Schweiz sind, wenn man so sagen darf, Geschwisterkinder, Sprößlinge desselben Volksstammes, deren jetzige Verschiedenheiten eine natürliche Folge der verschiedenen Boden- und Erwerbsgelegenheiten, in neuerer Zeit auch der entgegengesetzten politischen Entwicklung sind. Aber der prächtige Menschenschlag hat sich hüben wie drüben erhalten. Freilich in immer schwächerer Abstufung, weil die Naturmenschen mehr und mehr den Versuchungen der modernen Kultur erliegen. Vor vierzig und mehr Jahren, als Knaus und einige Zeit nach ihm Vautier ihre ersten Studienausflüge oder richtiger gesagt Entdeckungsreisen nach dem Schwarzwald machten, waren Tracht und Sitten in den Dörfern auf einsamen Höhen fast noch ganz in ursprünglicher Reinheit erhalten. Ein Juwel aber unter diesen Schwarzwalddörfern,

Abb. 12. Studie zu dem Bilde „Begräbnis auf dem Lande." S. S. 13.

zum Teil zu größeren Gruppen vereinigt, gegen einander abgeschlossene Gemeinwesen bildeten, war das Hauensteiner Ländchen, das nach den Hotzen, den vielfach gefalteten Pumphosen seiner männlichen Bewohner auch Hotzenland genannt wird. Knaus war, soviel wir wissen, der erste, der dieses Land für die Malerei entdeckt hat, und Vautier folgte ihm auf dem Fuße. Die Bewohner dieses Landes, hochgewachsene, starkknochige, kräftige Gestalten, denen nicht bloß die noch aus der Reformationszeit stammende Tracht, sondern das ganze Gebaren in Haltung, Sitte und Lebensgewohnheiten ein mittelalterliches Gepräge gab, mußten dem jungen Schweizer ganz besonders sympathisch sein. Sind sie, die nur noch durch wenige Bergrücken von der Schweiz getrennt sind, doch gleich den deutschen Schweizern reine Alemannen!

Aus Herrischried, dem Hauptorte des Hauensteiner Landes, sind denn auch die ersten Studien datiert, die uns der Künstler aus den reichen Schätzen seiner Mappen zur Verfügung gestellt hat. Sie sind die Früchte einer Studienreise, die Bautier im Juli des erfolgreichen Jahres 1858 gemacht hat, und was er dort gesehen hat, war für die ganze Richtung seiner Kunst so entscheidend, daß nach und nach die schweizerischen Erinnerungen hinter die neuen Eindrücke zurücktraten, und Bautier bald der eigentliche, der klassische Maler des Schwarzwaldes wurde. Die eine dieser Zeichnungen von 1858 (Abb. 1) führt uns den echten Typus eines Hauensteiner Bauern in seiner malerischen Tracht, die übrigens heute auch bereits im Aussterben begriffen ist und nur noch von bejahrten Leuten als Reliquie der Väter in Ehren gehalten wird, vor Augen. Das Haar ist über der Stirn kurz und gerade abgeschnitten, hängt aber an der Seite und am Hinterkopfe lang herab — es ist der sogenannte Kolbenschnitt, die bekannte Haartracht aus der Zeit der Reformation, die bei Fürsten, Rittern, Patriziern, Landsknechten gleich beliebt war. Den Kopf bedeckt eine Pelzkappe oder ein schwarzer, meist sehr breitrautiger Stroh- oder Filzhut. Unter der roten Weste, die über den Kopf gezogen und an der einen offenen Seite zusammengezogen wird, ist der feingefältelte Halskragen sichtbar. Die Hauptkleidungsstücke bilden die weite, langschößige Jacke, meist aus schwarzem Sammet, und die weite, bis zu den Knieen reichende, in vielen Falten übereinander gelegte Pumphose, die entweder aus schwarzer Leinwand oder aus schwarzem Sammet gefertigt ist. In der zweiten Studie aus Herrischried (Abb. 2) hat Bautier anscheinend eine zufällige Beobachtung in einem Wirtshause festgehalten.

Im Jahre 1859 entstand noch ein Bild nach einem schweizerischen Motiv, eine „Auktion in einem alten Schlosse;" bald darauf malte er aber bereits eine „Nähschule im Schwarzwald", und fortan mehrten sich die Studien nach Schwarzwaldtypen, von denen die Abb. 3—5 einige aus den Jahren 1860 und 1863 bieten. In die Zwischenzeit fällt das erste größere Bild aus dem Schwarzwald, das sozusagen

Abb. 13. Studie zu dem Bilde „Begräbnis auf dem Lande." S. S. 13.

die zweite Etappe in der künstlerischen Entwicklung Bautiers bildet, die „Überraschung während des Gottesdienstes kartenspielender Bauern durch ihre Frauen" (1862, im städtischen Museum zu Leipzig). Was an der Kirchenscene von der Kritik vermißt worden war, eine geschlossene Komposition, ein spannender Moment, auf den sich alle geistigen Interessen, alle Empfindungen der dargestellten Personen konzentrieren, wurde hier in höchstem Maße erreicht, und dazu gesellte sich ein Ernst, eine Tiefe der Charakteristik, die unter Vermeidung auch des leisesten theatralischen Anfluges nur auf die unmittelbare Wiedergabe der schlichtesten Wahrheit ausging. Von den vier Übelthätern, die bei einer Kanne roten Weines ihrem Laster fröhnen, hat sich der eine, der älteste, aus Furcht vor dem nahenden

Abb. 14. Studie zu dem Bilde „Begräbnis auf dem Lande." S. S. 13.

mütze, unter den schmollenden Vernunftsreden seines bildsauberen jungen Weibes mit tiefer Beschämung auf die Tischplatte blickt. Nur der vierte der Sünder läßt sich durch den Einbruch der Rachegöttinnen nicht stören. In der Linken die Karten fassend, hält er noch mit der Rechten den Trumpf fest, den er eben ausspielen wollte, und, ungeniert seine Pfeife weiter rauchend, blickt er den Frauen mit frechem Gleichmut entgegen. Im Gegensatz zu den Trachten der Bauern hat seine Kleidung, der kurze Frack mit dem Sammetkragen, Schirmmütze und die langen Beinkleider, einen städtischen Schnitt. Wir werden wohl in ihm den Verführer, den Dorfbarbier zu erkennen haben, der sich unter den dummen Bauern gern als Freigeist und Skeptiker aufspielt. In der geöffneten Thür, durch die der helle Sonnenschein in den dämmerigen, ganz mit Holz getäfelten Raum dringt, ist noch eine dritte Ehefrau sichtbar, und neben ihr eine Magd und ein Knecht, die mit pfiffig lächelnden Mienen schon ihre Vorfreude an dem Genuß des kommenden Dramas haben. So bildet dieser humoristische Zug ein leichtes Gegengewicht gegen den Ernst der Scene, der am ergreifendsten aus der abgehärmten Frau im Vordergrunde zum Beschauer spricht.

Gewitter in eine Ecke gedrückt und wartet dort, in der stillen Hoffnung, nicht entdeckt zu werden, den Sturm ab. Zwei seiner Kumpane sind auch noch keine allzu verstockten Sünder, obwohl der ältere, ein hochgewachsener, breitschulteriger Mann in hohen Stulpenstiefeln und faltigem weißen Zwillichrock, dem sommerlichen Sonntagsstaat des Hanauer Ländchens, wie aus den gramdurchfurchten Zügen seiner kummervoll zu ihm niederblickenden Ehefrau herauszulesen ist, schon oftmals auf verbotenen Wegen betroffen sein mag. Er wendet der Zürnenden, deren düsteres Schweigen beredter ist als das lauteste Donnerwetter, dumpf vor sich hinstierend, den Rücken, während sein jüngerer Genosse, ein hübscher junger Bauer in pelzverbrämter Sammet-

Es war das erste Mal, daß Bautier mit vollem Erfolge ebenbürtig an die Seite von Knaus trat, dessen Einfluß freilich in der Gesamthaltung des Bildes und in gewissen Einzelzügen noch zu erkennen war. Zu vollkommener Freiheit und Selbständigkeit erhob sich Bautier sodann in dem 1864 vollendeten „Sonntag Nachmittag in Schwaben" (im Kaiser Franz Josef-Museum in Troppau), in welchem sich zugleich sein liebenswürdiger Humor und sein stark ausgebildetes Schönheitsgefühl zu feinster Blüte entfalteten. Am Rande eines Wäldchens, gegenüber dem auf einem Hügel liegenden Dörfchen, hat sich eine Gruppe junger Mädchen gelagert, und am Rande einer Wiese zwischen ihnen und dem Dorfe sitzt eine Anzahl junger Burschen aneinandergereiht auf einem Zaune, bis auf zwei, die sich als äußerste Vorposten an die Schönen heranwagen, um das Terrain für eine freundliche Zwiesprache zu sondieren. Wenn das Benehmen der Mädchen auch vorläufig den Ausgang des Angriffs noch im Ungewissen läßt, so ist doch wenigstens einer der Jünglinge einer guten Aufnahme sicher. Denn eines der Mädchen legt bereits die letzte Hand an einen im Walde gepflückten Blumenstrauß für den Erkorenen. Charakteristisch für die Arbeitsweise Bautiers, für sein liebevolles Eindringen in die Natur und in die Menschen, in die Äußerlichkeiten ihres Wesens und in ihr Temperament, ihre Denk- und Gefühlsweise ist die Art, wie dieses Bild entstanden ist. Wie er seinem ersten Biographen Pecht erzählte, hat er diese Szene so, wie er sie dargestellt, nicht nur mehrere Male beobachtet, sondern sich auch einige Wochen in dem betreffenden

Abb. 15. Studie zu dem Bilde „Begräbnis auf dem Lande." S. S. 13.

Dorfe aufgehalten, um die auf Typen, Trachten und Landschaft bezüglichen Einzelstudien zu machen, von denen unsere Abbildungen 6 und 7 zwei Proben geben.

Wie dieses Bild zeigt auch ein im folgenden Jahre (1865) gemaltes, „Bauer und Makler" (im Museum zu Basel), das dem Künstler bei seiner Ausstellung im Pariser Salon eine goldene Medaille einbrachte, die Trachten des Hanauer Ländchens, das gewissermaßen das Bindeglied zwischen dem Schwarzwald und dem Elsaß bildet. Um den Tisch der Wohnstube eines Bauern sind drei Personen versammelt: der Besitzer des Gehöfts, der, mit Schulden belastet, sorgenvoll vor sich hinstarrt, ein reicher Nachbar in weißem Zwillichrock und breitrandigem Filzhut, dem die Behäbigkeit, daneben aber auch Selbstsucht und berechnende Bauernschlauheit förmlich aus dem Gesichte strahlt, und ein jüdischer Unterhändler, der seine ganze Beredtsamkeit aufbietet, um dem hart bedrängten Bauern alle Vorteile an den Fingern aufzuzählen, die ihm aus dem Verkaufe seines Gütchens erwachsen würden. Seine Argumente werden noch unterstützt durch einige Häufchen harter Thaler, die auf dem sonst noch mit der Verkaufsurkunde bedeckten Tische aufgepflanzt worden sind. Hinter dem dumpf vor sich hinbrütenden, noch schwankenden Bauern erhebt sich aber eine Mahnerin in der Gestalt seines jungen, schönen Weibes, das mit dem linken Arm das schlafende Knäblein fest an die Brust drückt, während es mit der Rechten leicht die Schulter des Gatten berührt, um ihn von dem verhängnisvollen Handel zurückzuhalten.

2*

In demselben Jahre griff Bautier auch wieder einmal in seine schweizerische Heimat zurück, indem er nach seinen im Berner Oberland gesammelten Studien einen „Leichenschmaus" (jetzt im Wallraf-Richartz Museum in Köln) malte, womit er tief in die Tragik des Menschenschicksals griff, aber ohne jede falsche Empfindsamkeit, immer an seinen Beobachtungen hängend, die ihn gelehrt hatten, daß gerade im Landvolk in seiner Heimat die allgemeine Lust am Genuß des Augenblicks das tiefe Herzeleid des Einzelnen oft laut übertönt. Von diesem verlangt die alte Sitte, nach der ein Toter nur dann in der Achtung der Überlebenden eine Weile in angenehmer Erinnerung bewahrt wird, wenn ihm die Angehörigen „eine große Leich" bereiten, strenge Rücksicht. Nach der Bestattung ist der Leichenschmaus gerade so wichtig wie die Rede des Pfarrers. Aber bei diesem müssen, wie es ebenfalls die Sitte gebieterisch fordert, beide Geschlechter getrennt sein. Das hat auch Bautier auf seinem Bilde streng beobachtet. Die Witwe ist von dem Verlust ihres Mannes noch so tief erschüttert, daß sie ihrer Umgebung keine Teilnahme schenkt. Sie sitzt noch instinktmäßig neben dem Bette des Verstorbenen, als ob sie das Geschehene inzwischen vergessen und noch ihre Pflicht als Krankenpflegerin zu erfüllen hätte. Die Bedienung und Aufwartung der Gäste hat sie ihrem Töchterchen überlassen, das sich seiner Aufgabe so gut es geht entledigt, daneben aber noch über den sich ängstlich anklammernden jüngeren Bruder zu wachen hat. An dem mit Speisen besetzten Tische haben sich die weiblichen Verwandten und Gevatterinnen niedergelassen, die den Todesfall noch in ihrer geschwätzigen Weise besprechen. Durch eine Thür im Mittelgrunde rechts blickt man in ein zweites Gemach, worin sich die Männer zu leiblicher Stärkung nach dem Kirchhofsgange zusammengefunden haben.

Mit dem Bilde der am leeren Bette des Lebensgefährten trauernden Witwe hatte Bautier nur den ersten Schritt zur Ergründung des menschlichen Herzeleids bei dem Tode oder der Todesgefahr eines geliebten Wesens gethan. Neben der Schilderung vergänglichen Daseins und heiteren Lebensgenusses beschäftigte ihn sehr oft das dunkle Verhängnis, das den Menschen aus der Mitte derer entreißt, die ihm teuer gewesen sind oder denen er das Licht und die Freude des Lebens war. Wir greifen unserer Darstellung von Bautiers künstlerischem Entwickelungsgange bereits vor, wenn wir hier die Bilder zusammenstellen, in denen er geschildert hat, wie rasch der Tod ins Menschenleben tritt und die blühendsten Hoffnungen zerknickt. Aus demselben Gedankengange wie der Leichenschmaus ist „die

Abb. 16. Studie zu dem Bilde „Begräbnis auf dem Lande."
S. S. 13.

Fahrt zum Begräbnis auf dem Brienzer See" (1872) entstanden. Über die spiegelglatte Wasserfläche gleitet ein von einem jungen Burschen geruderter, von einem Mädchen gesteuerter Kahn, in dessen Mitte wir eine traurige Gruppe sehen: Mann und Frau in inniger Verschlingung der Hände vor dem kleinen Sarge eines jüngst geborenen Kindes, und neben dem bekümmerten Elternpaar ein Mädchen von etwa sechs Jahren, das ruhigen Sinnes, ausstellung von 1873 um die Palme rang (Abb. 10 und die dazu gehörigen Studien Abb. 11—16). Hier trat Bautier seinem ersten Rivalen auch in der Größe und Tiefe der Charakteristik vollkommen ebenbürtig an die Seite, wobei er obenein noch den Vorteil einer reicheren Komposition, eines schöneren, anmutsvolleren Menschenschlags und eines umfassenderen landschaftlichen Hintergrundes hatte. Während der Schauplatz des Knausschen Bildes der tief

Abb. 17. Am Krankenbette. In der kgl. Nationalgalerie in Berlin. (Mit Genehmigung der Photographischen Gesellschaft in Berlin.)

ohne von dem Herzleid der Eltern betroffen zu sein, dem ungewohnten Vorgange mit Neugier folgt und dazu ein ebenso freundliches Gesicht macht, wie die lachende Natur rings umher (s. d. Studien zu diesem Bilde Abb. 8 und 9).

Von der Schweiz wieder zum Schwarzwald zurückkehrend, gab Bautier um dieselbe Zeit das bisher umfassendste Bild schwarzwäldischen Dorflebens in dem „Begräbnis auf dem Lande", das zufällig gleichzeitig mit einem Bilde ähnlichen Inhalts von L. Knaus, einem Begräbnis in einem hessischen Dorfe entstand und mit diesem auf der Wiener Weltverschneite Hof eines armseligen, halb verfallenen Gehöftes ist und die neugierigen Zuschauer und die Dorfkinder unter der Führung des alten Schulmeisters, die den Sarg erwarten, der eben die Treppe hinabgetragen wird, die angemessene Staffage dazu bilden, führt uns Bautier zur Sommerszeit in ein sauberes, wohlhabendes Dorf des von Freiburg bis Basel sich erstreckenden Markgräfler Landes, dessen meist protestantische Bewohner sich in Sitten und Trachten nicht viel von denen des Hanauer Ländchens unterscheiden. Nach allemannischer Sitte haben sich die Ge-

Abb. 18. Immermann auf dem Oberhofe. Verkleinerung eines Holzschnittes aus dem I. Jahrgang des Daheim 1868.

schlechter gesondert aufgestellt, links die Männer, die vor der Majestät des Todes ehrfürchtiglich ihre breitrandigen Filzhüte lüften, rechts die Frauen und Mädchen, an ihrer Spitze die Witwe des Verstorbenen, an deren Rockfalten sich das Söhnchen ängstlich anklammert. Das halbe Dorf, zu allererst die Jugend ist zusammengelaufen, und der alte Gemeindediener hat alle Mühe, um die Ordnung aufrecht zu erhalten. Die von uns wiedergegebenen, der Natur abgelauschten Studien zeigen, aus welch langwierigen Vorarbeiten dieses reiche Abbild wirklichen Lebens hervorgegangen ist. Hatte Vautier aber erst einmal diese Vorarbeiten erledigt, so ging ihm die Arbeit auch sehr schnell von der Hand. So hat er z. B. den „Leichenschmaus" im Berner Oberland, unmittelbar, nachdem er von einer Reise dorthin zurückgekehrt war, nach Pechts Zeugnis sehr rasch gemalt, „obwohl das Bild eine außerordentliche Sorgfalt in der Durchbildung des Details und eine Meisterschaft der Zeichnung zeigt, die überall sich nicht nur mit der Wahrheit begnügt, sondern sie stets bis zur Schönheit verklärt." Das kann man eigentlich von allen Bildern Vautiers ohne Ausnahme sagen. Bis auf den heutigen Tag ist niemals eine unfertige oder nachlässig behandelte Arbeit aus seiner Werkstatt herausgekommen. Der Grundzug seiner französischen Erziehung, die Sauberkeit und Reinheit des Denkens und der Gesinnung, hat sich auch seinem künstlerischen Charakter mitgeteilt, und im Beginn und um die Mitte der siebziger Jahre, als die Ausfuhr von Kunstwerken aus Düsseldorf nach England und Amerika in höchster Blüte stand, ließ er sich, in strenger Zucht gegen sich selbst, gleich anderen berühmten Kunstgenossen durch die Verlockungen der Kunsthändler nicht dazu bewegen, in leichtherziger Produktion Werke aus der Hand zu geben, die seines Namens unwürdig gewesen wären.

Demselben Bilderkreise wie die eben

Abb. 19. Erste Tanzstunde. In der kgl. Nationalgalerie in Berlin. (Mit Genehmigung der Photographischen Gesellschaft in Berlin.)

geschilderten Begräbnisdarstellungen gehört auch die 1873 gemalte Szene „Am Krankenbett" (in der Berliner Nationalgalerie, Abb. 17) an, da das bleiche Antlitz der kranken Frau, die dem jungen Gatten im Vorgefühl des nahen Todes ein vermutlich auf das schlafende Töchterlein bezügliches Gelöbnis abzunehmen scheint, einen tragischen Ausgang ahnen läßt. Und wie bei dem Begräbnis im Schwarzwalddorfe bildet auch zu diesem feierlichen Augenblick die lachende Natur da draußen, die durch die kleinen in Blei gefaßten Fensterscheiben in das Krankenzimmer hineinblickt, einen schneidenden Kontrast. —

Während Bautier zu Anfang der sechziger Jahre mehr und mehr den Schwerpunkt seines Schaffens im Schwarzwald fand und mit Sittenbildern aus dem Leben der schwäbischen und allemannischen Landbevölkerung einen Erfolg nach dem andern errang, wurde ihm ein Auftrag zuteil, der ihn nötigte, sich mit gleichem Eifer in die Charaktereigenschaften und Lebensgewohnheiten eines in seinem Wesen völlig entgegengesetzten deutschen Volksstammes zu versenken. Ein Berliner Verlagsbuchhändler, A. Hofmann, war auf den Gedanken gekommen, aus Immermanns humoristisch-satirischem Zeitroman „Münchhausen" die köstliche Idylle westfälischen Volkslebens, den „Oberhof", herauszulösen und ihn zum Gegenstand einer illustrierten Prachtausgabe zu machen. Bautier erfreute sich neben Knaus schon damals so hoher Achtung als trefflicher Darsteller deutschen Bauerntums, daß die Wahl des Verlegers auf ihn fiel, und in wie hohem Maße er dieses Vertrauens würdig gewesen war, zeigte der einstimmige Beifall, womit das 1865 erschienene Werk von den hervorragendsten Kritikern begrüßt wurde. Vielleicht war keiner von ihnen so fähig, die Vorzüge der Bautierschen Zeichnungen in ihrer ganzen Feinheit und Tiefe zu erfassen und zu würdigen, wie der Kunsthistoriker Wilhelm Lübke, selber ein Sohn der „roten Erde". Als er in der „Zeitschrift für bildende

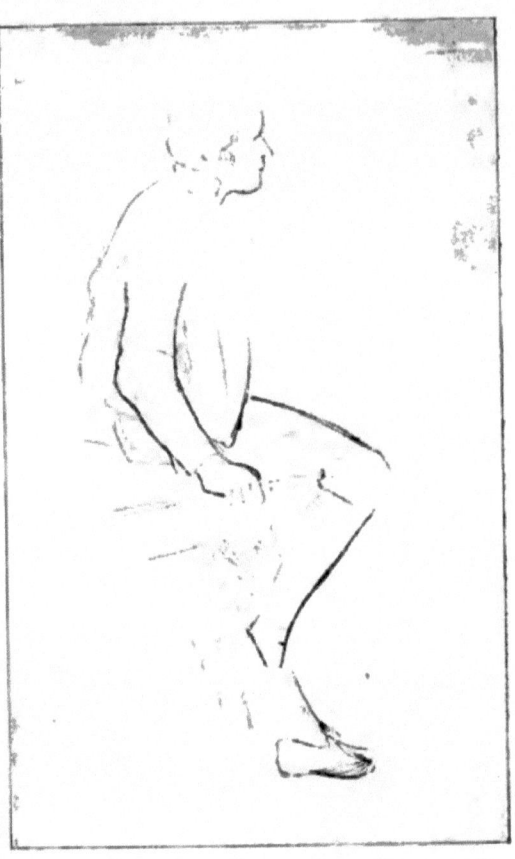

Abb. 20. Studie zu dem Bilde „Erste Tanzstunde." S. S. 23.

Kunst" seiner Bewunderung für diese glänzende, für die damalige Zeit geradezu klassische Leistung Ausdruck gab, benutzte er die Gelegenheit, um eine Charakteristik der Bautierschen Kunst zu geben, die trotz ihrer knappen Fassung doch die Bedeutung des Künstlers bereits in ihrem wahren Wesen erkannt hat. „Seit Jahren wurde Bautier uns", so schrieb Lübke, „von Zeit zu Zeit durch Genrebilder bemerkenswert, welche ihren Stoff meistens den einfachen Kreisen des ländlichen Lebens und der Kinderwelt entlehnen, aber mit so tief eindringendem Blick und mit so feiner Seelenkunde solche Charaktere behandeln, wie wir nur ausnahmsweise es sonst antreffen. Auch in technischer Hinsicht, in Feinheit der Zeichnung, Ungezwungenheit der Komposition und namentlich in koloristischer Wirkung gehören seine Arbeiten zu den vorzüglichsten Leistungen der deutschen Kunst, so daß wir ihn stets mit L. Knaus in erster Linie nennen möchten, wenn von den trefflichsten Genremalern Deutschlands die Rede ist. Niemals bleiben die Szenen, die er uns vorführt, in der Äußerlichkeit stecken; niemals mutet er uns zu, wie so viele andere, mit dem interessanten Kostüm des Landvolkes in Ermangelung interessanter Charaktere vorlieb zu nehmen; aber stets sind seine Menschen mit ihrer Innerlichkeit so voll und scharf in ihrer äußeren Erscheinung ausgeprägt, daß jede Linie der Komposition, jeder kleinste Zug der Gestalten von gehaltvollster Energie charakteristischen Einzellebens durchdrungen erscheint." Und damals hatte Bautier noch nicht seine großen Meisterwerke, den "Leichenschmaus", das "Leichenbegängnis in Schwaben", die "Tanzstunde", das "Zweckessen" u. s. w. geschaffen, die den Höhepunkt der mittleren Periode seines Schaffens kennzeichnen. Indem Lübke sodann zur Besprechung der Illustrationen zum "Oberhof" übergeht, betont er zunächst, daß Bautier seine Eigenschaften in diesen Blättern in glänzender Weise bewährt hat. "Sie sind in ihrer reichen Folge eines der unvergänglichen Meisterwerke, die jedes für Schönheit empfängliche Gemüt eben solange erfreuen werden, als die Dichtung, der sie als köstlicher Schmuck sich einfügen, teilnehmende Herzen erwärmen und bewegen wird .... Um so wunderbar treu die Anschauungen des Dichters zu verkörpern, bedurfte es nicht bloß eines andächtigen Sichversenkens in den innersten Geist des Werkes, sondern ebenso sehr genauen Studiums des höchst eigenartigen Landes und Volkes, aus welchem Immermann seine naturkräftigen Schilderungen, seine markigen Gestalten geschöpft hat. Man muß Westfalen so genau kennen, wie wir, die wir jenem urdeutschen Lande durch Geburt und Erziehung angehören, um es ganz nachzufühlen, wie der Künstler hier Zug für Zug Land und Leute mit vollkommener Wahrheit nachgebildet hat. Ein Meisterstück, wie in der Dichtung, ist die Gestalt des Hofschulzen in ihrer hohen knorrigen Erscheinung, ehrenfest und hart wie die alten Eichen, die in seinem Kampe stehen. Nicht minder vortrefflich in Erscheinung und Gebaren reihen sich dann die übrigen Insassen des Hofes, die Bauerntochter, die Knechte und Mägde; sodann die ab- und zugehenden Figuren des Sammlers, des Patriotenkaspars, des Diakonus und des Küsters. Aber auch die spießbürgerlichen Erscheinungen des kleinstädtischen Lebens sind mit einer Prägnanz hingestellt, daß, wer in diesen Kreisen sich einmal umgethan hat, stets sich versucht fühlt, die Originale dieser künstlerischen Konzeptionen sofort in der Wirklichkeit nachzuweisen .... Daß Bautier gerade dies scharfe bestimmte Sondergepräge so genau getroffen hat, beweist ebenso viel für die Sorgfalt seiner Studien wie für die treue Hingabe an den Geist der Dichtung. Dabei ist ihm eine volle Ader humoristischer Auf-

Abb. 21. Studie zu dem Bilde "Erste Tanzstunde." Z. S. 23.

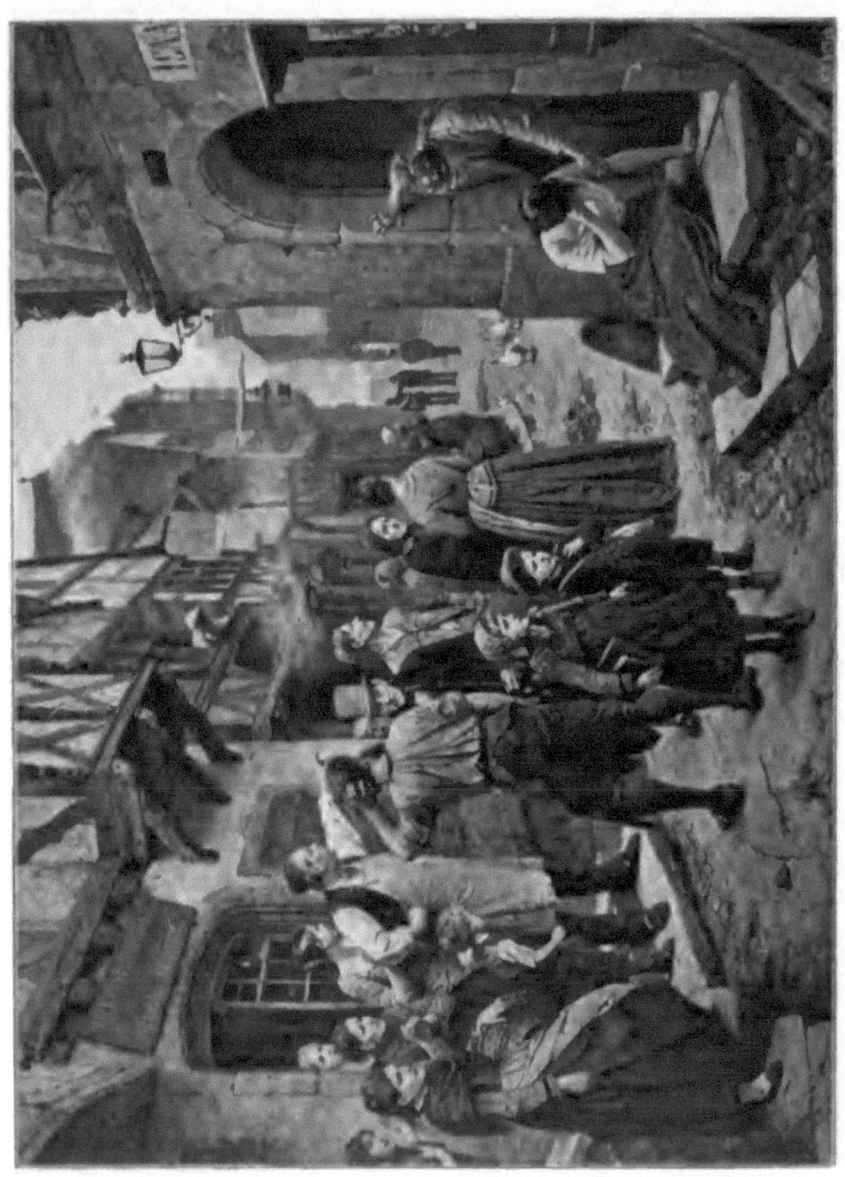

Abb. 22. Eine Betheilung. (Nach einer Originalphotographie von Franz Hanfstängl in München.)

Abb. 23. Studie zu dem Bilde „Eine Verhaftung." (S. S. 27.)

fassung eigen, aber noch mehr die künstlerische Einsicht, welche dieser Ader nur dann nachgiebt, wenn der Dichter es verlangt. Er gehört nicht zu den Illustratoren, die auf eigene Hand ihre Separatwitze machen wollen, ähnlich jenen eitlen Schauspielern, welche das Werk des Dichters durch eine auf eigene Faust betriebene Possenreißerei zerstören, sondern er ist ein treuer Dolmetsch dessen, was der Poet gewollt hat. Dies schöne Maßhalten läßt aber eben darum die Intentionen des Gedichts wie in verstärktem Lichte vor uns aufleuchten, so daß die Freude an Dichtung und Illustration fast völlig in Eins verschmelzen muß."

Noch vor dem Erscheinen der illustrierten Oberhof-Ausgabe veröffentlichte Bautier im ersten Jahrgange des „Daheim" eine Art Vorwort dazu in einer großen Zeichnung, die einen Besuch Immermanns auf dem Oberhof darstellt, den noch kein neugieriger oder wißbegieriger Forscher aus der großen Zahl der „Einhöfe" herausgefunden hat, die sich über die „Soester Börde" ausbreiten. Die Zeichnung wurde in einem vortrefflichen Holzschnitt von Klitzsch und Rochlitzer wiedergegeben, der die liebevolle, bei aller Schärfe der Charakteristik doch feine und vornehme Darstellungsweise Bautiers zu ungeschmälertem Ausdruck brachte. Es war die Zeit, wo der Holzschnitt nach

Abb. 24. Studie zu dem Bilde „Eine Verhaftung." S. S. 27.

langen Jahren der Mißachtung und Verderbnis durch die Roheiten der Pfennigblätter wieder zu Ehren gekommen war und bei einsichtigen und kunstsinnigen Verlegern eine verständnisvolle Pflege fand. Zwei in ihrem innersten Wesen völlig entgegengesetzte Geister wie Ludwig Richter und Adolf Menzel fanden im Holzschnitt das Mittel, wodurch sie sich ihrem Volke nähern und allmählich in ihm die Liebe zur Kunst, dem freundlichsten und zugleich edelsten Schmuck des Daseins, wecken konnten, und zu ihnen gesellte sich bald Bautier, um nach dem Maße seiner Begabung an dieser ungemein wichtigen Arbeit auf dem Gebiete der geistigen Kultur mitzuwirken. Auch er hat den Holzschneidern eine große Zahl der dankbarsten Aufgaben zugeführt und dadurch zur Blüte des Holzschnitts mitgeholfen, die erst in unseren Tagen durch die Einwirkungen eines raschen, unersättlichen, immer nach neuen Anregungen jagenden Lebensgenusses geknickt worden ist, der seine höchste Befriedigung nur im raschen Wechsel der künstlerischen Erscheinungen sieht.

Unsere Abb. 18 giebt den prächtigen Holzschnitt zwar in halber Verkleinerung wieder, aber sie reicht doch aus, daß man neben der markigen Charakteristik der Hauptfiguren auch die Technik des Holzschnittes würdigen kann. In einem überaus wirksamen Auszuge führt uns Bautier einige der Hauptgestalten des Oberhofs bis auf den von hinten heranschleichenden „Patriotenkaspar" vor, dessen verschmitzte Miene verrät, daß er hinter dem Schwerthandel

Abb. 25. Studie zu dem Bilde „Eine Verhaftung." S. S. 27.

köstliche Humoreske nach einem „Das Verhör" betitelten Bilde, bei dem es sich aber nicht um eine Kriminalgeschichte, sondern um die peinliche Abstrafung von drei Dorfrangen durch den keineswegs kriegerisch gestimmten, zudem noch bei seinem Nachmittagskaffee gestörten Schulmeister eines Schwarzwälder Dorfes handelt. Trotzdem ist die Angelegenheit so wichtig, daß der Dorfbüttel selbst in seiner Amtsuniform die drei Sünder zum Schulmeister transportiert hat, weil es die Klägerin, ein altes Weib, das ein am Pfötchen verwundetes Kätzchen im Arme hält, also gewollt und gefordert hat. Damit dem richtenden Schulmeister kein Mißgriff passiere, greift die Alte der strafenden Gerechtigkeit unter die Arme, indem sie mit ausgestreckter Rechten den Hauptmissethäter durch den hakenartig gekrümmten Zeigefinger bezeichnet. Der also Gebrandmarkte rechtfertigt die Denunziation allerdings durch die Miene des trotzigen Sünders, der nur verstockt sein Haupt

des „Sammlers" etwas Verdächtiges oder für ihn Nutzenbringendes wittert, und so lebendig ist die Szene beobachtet und dargestellt, daß man mit ebenso großem Rechte an die Stelle des auf der Rundbank unter der Eiche sitzenden Dichters die Gestalt des Malers selber setzen könnte.

Dieser allgemein anerkannte Erfolg brachte es mit sich, daß Vautier eine Zeit lang nicht aus dem Illustrieren herauskam, obwohl er daneben ebenso fleißig malte. Er war so durchdrungen von der Pflicht des echten Künstlers, auch ein Lehrer seines Volkes zu sein, daß er es nicht verschmähte, selbst für Volkskalender Zeichnungen zu liefern, bei denen er sich zum Teil an Ölbilder hielt, die besonders großen Beifall gefunden hatten und ihm darum größerer Verbreitung würdig erschienen. So finden wir z. B. im Flemmingschen Volkskalender „Der Bote" für 1866 eine

senkt. Der Schulmeister wirft denn auch ihm ingrimmige Blicke zu. Da aber jenseits des Tisches seine Haushälterin steht, die die drei Angeklagten mit Augen voll Mitgefühl betrachtet, wird sich der alte Schullehrer wohl zu milder Strafe bewegen lassen. So klingen Vautier fast immer die Komposition wie bei die sie durchdringende Gefühlsstimmung zu glockenreiner Harmonie zusammen.

Zu einem späteren Jahrgang des Flemmingschen „Boten" hat Vautier noch eine Zeichnung nach seinem Bilde „Bauer und Makler" beigesteuert, der er aber mit Rücksicht auf die lehrhafte Absicht solcher Volkskalender den Titel „Von Haus und Hof" als Warnung vor der Ausbeutung der Landleute durch jüdische Geschäftsvermittler gegeben hat. In seinem eigentlichen Lebenselement konnte sich Vautier aber erst als Illustrator bewegen, als ihm die Cottasche

Abb. 27. Studie zu dem Bilde „Eine Verhaftung." S. S. 27.

Abb. 26. Studie zu dem Bilde „Eine Verhaftung." S. S. 27.

Abb. 28. Studie zu dem Bilde „Eine Verhaftung." S. S. 27.

Verlagsbuchhandlung in Stuttgart den Auftrag erteilte, eine der gemütvollsten, der ergreifendsten und zugleich künstlerisch vollendetsten Schwarzwaldnovellen Berthold Auerbachs, das „Barfüßele", die Geschichte des armen Waisenkindes, das später zu hohem Ansehen und Gedeihen kommt, zu illustrieren. Hier konnte er mit vollen Händen aus dem Reichtum seiner Studien und Erinnerungen schöpfen, und in noch vollendeterem Maße als beim „Oberhof", wo vielleicht die Gestalten des Liebespaares, des Jägers Oswald und der blonden Lisbeth, nicht ganz an die Erfindung des Dichters heranreichten, gelang es ihm, aus den Figuren Auerbachs wahrhaft klassische Typen zu schaffen. Er ging sogar etwas über den Dichter hinaus, indem er den Gestalten nur soviel von dessen nachdenklicher Empfindsamkeit mit auf den Weg gab, als es sich mit dem wahren Charakter der Schwarzwälder Bauern vertrug, den er tiefer und gründlicher erfaßt hatte als der Dichter, der zur Zeit, als er „Barfüßele" schrieb, durch seinen langjährigen Aufenthalt in Dresden und Berlin der Naivität und der in sich gekehrten Einfalt dieses ländlichen Lebens bereits etwas fremd geworden war. Fast jede Szene, die Vautier zu veranschaulichen unternahm, wurde in seinen Händen zu einem abgerundeten Bilde, gleichviel ob sie wie z. B. die tiefergreifende Schilderung des Begräbnisses von Barfüßeles Eltern im Freien vor sich ging, oder ob sie die Gelegenheit bot, einen der überaus malerischen Innenräume der Schwarzwälder Bauernhäuser mit ihrem Holzgetäfel, ihrem Hausrat und den Kachelöfen mit der traulichen Ofenbank den Lesern vor Augen zu führen.

Nach jenem glänzenden Erfolge der Illustrationen zum „Oberhof" konnte es nicht ausbleiben, daß man Vautier als Illustrator schließlich alles zutraute, und in der That hat er in jenen Illustrationen über die Schilderung des westfälischen Bauernlebens hinaus auch so tief in das Leben der Spießbürger in kleinen Städten hineingegriffen, daß der Verleger Vieweg in Braunschweig vollauf berechtigt war, ihm die Illustration einer Sonderausgabe von Goethes „Hermann und Dorothea" zu übertragen, die gleichzeitig mit der Geschichte vom „Barfüßele" 1869 erschien. Wie beim „Oberhof" geriet er aber auch hier insofern auf ein völlig neues Gebiet, als er sich in das Studium der Trachten des deutschen Bürgertums in der zweiten Hälfte des vorigen Jahrhunderts versenken mußte, jener aus Frankreich eingeführten Trachten, die in Deutschland noch mit rührender Zähigkeit bewahrt wurden, als sie im Lande ihres Ursprungs durch die Stürme der großen Revolution längst hinweggefegt waren. Eine spätere Zeit hat sie, unbekümmert um die historische Klassifizierung, aber in richtigem Gefühl kurzweg „altfränkisch" genannt, und den Trachten,

die ein wunderliches Gemisch von
Anmut und Steifheit, von schalk-
hafter Koketterie und gravitätischer
Würde bildeten, entsprach auch das
ganze Gebaren, die Denk- und Gefühlsweise der Menschen, die in ihnen
steckten. Das hat auch Vautier glücklich aus den guten und warmherzigen,
wenn auch philisterhaft bedächtigen
Menschen herausgeholt, in denen uns
Goethe unvergleichliche Typen des
kernhaften deutschen Bürgertums jener
Tage geschaffen hat, wo die bis da-
hin für unerschütterlich und heilig gehaltenen Grundfesten kleinbürgerlichen
Daseins zu wanken begannen.

Aus diesen Studien erwuchs dem
Künstler aber noch eine reife Frucht,
eine Meisterschöpfung, die unter seinen
Werken so ganz und gar vereinzelt
dasteht wie die Illustrationen zu „Hermann und Dorothea:" der „Toast
auf die Braut" (1870, in der Kunsthalle zu Hamburg). Aus dem Um-
stande, daß Ludwig Knaus kurz zuvor ein Bild mit Figuren in der
Tracht der gleichen Zeit, sein be-
rühmtes „Kinderfest" in der Berliner
Nationalgalerie, bekannt unter dem
Titel „Wie die Alten sungen, so
zwitschern auch die Jungen", vollendet
hatte, war die Meinung entstanden,
daß Vautiers „Toast auf die Braut"
unter dem Einfluß jenes Bildes
entstanden wäre, wie man denn überhaupt in Düsseldorf und anderswo gern an
eine Rivalität zwischen den großen Genremalern glaubte. Aber ebenso wie Vautiers
„Begräbnis in einem schwäbischen Dorfe"
und Knaus' „Begräbnis in einem hessischen
Dorfe" ganz unabhängig von einander entstanden sind, handelt es sich auch bei den
beiden Bildern aus der Zopfzeit um ein
zufälliges Zusammentreffen, das sich bei
Vautier aus seinen Studien für die Illustrationen zu „Hermann und Dorothea"
ganz natürlich erklärt. Das Hochzeitsmahl,
bei dem ein junger Herr in wohl poin-
tierter, vielleicht gar gereimter Rede nach
dem Manuskript in seiner Linken, die
Rechte zu sprechender Geberde erhebend,
den „Toast auf die Braut" ausbringt, ist
in dem glänzenden Saale eines reichen
Patrizierhauses hergerichtet. In das ver-

Abb. 29. Studie zu dem Bilde „Eine Verhaftung." S. S. 27.

goldete Rahmenwerk der Wandfelder, das
durch die zierliche Ornamentik des deutschen
Rokoko das Auge erfreut, sind Gobelins
mit figürlichen Darstellungen eingelassen,
und die hohen, um den Tisch gruppierten
Lehnstühle sind ebenfalls mit Gobelins über-
zogen. Auf diese überraschende Treue und
Echtheit des Stils muß umsomehr aufmerksam gemacht werden, als Vautiers Bild
zu einer Zeit entstanden ist, wo noch niemand in Deutschland daran dachte, historische Stilstudien zu machen und gar das
Rokoko ein Gegenstand der gründlichsten
Verachtung war. Mit diesem prunkvollen,
wenn auch etwas kalten Rahmen harmo-
niert völlig die Gesellschaft, die sich darin
aufhält und bewegt. Obwohl das Mahl
schon ziemlich weit vorgerückt ist und eine
Dienerin am Anrichtetisch bereits beschäftigt
ist, die Kompottschüsseln zum Braten zu

servieren, während vorn im mächtigen Kühlbecken zwei Flaschen mit silbernen Hälsen des Moments ihrer Befreiung von den ungestümen Geistern in ihrem Innern harren, ist die Stimmung der Gäste noch wohl temperiert. Nur ein verliebtes Paar wagt sich etwas ins Ohr zu flüstern, die anderen aber schauen entweder gespannt auf den Sprecher oder mit inniger Anteilnahme auf die junge Braut, die beschämt über die Schmeicheleien oder auch die verblümten Andeutungen des Tischredners das hübsche Köpfchen senkt, während der Bräutigam sie mit zärtlichem Stolze betrachtet. Die Mutter der Braut, die zur Linken des Schwiegersohnes sitzt, wird durch den Toast gar zu Thränen gerührt. Währenddem spielt sich ganz im

Abb. 31.
Studie zu dem Bilde „Eine Verhaftung." S. S. 27.

Abb. 30.
Studie zu dem Bilde „Eine Verhaftung." S. S. 27.

Vordergrunde eine ungemein liebliche, von feinstem Humor durchdrungene Szene ab. Eine noch junge Mutter hat ihre beiden Kinder, ein Mädchen von etwa acht Jahren und einen jüngeren Knaben, mit halbgefüllten Weingläsern ausgestattet und sie instruiert, wie sie sich zu benehmen haben, um mit der Braut anzustoßen. Unter der Führung der älteren Schwester schreitet der kleine Bursche, der ebenso gut den langschößigen „Bratenrock" und die langschößige Weste wie die Alten trägt, auf dem spiegelblanken Parkett hinter den Stuhllehnen der Erwachsenen mit komischer Gravität vorwärts, nur darauf bedacht, daß er nicht den Wein verschütte oder gar das ganze Glas fallen lasse. Ebensowenig wie bei den Schwarzwälder Bauernbildern Bautiers kommt hier dem Beschauer auch nur der leiseste Gedanke an eine Maskerade. Mit der Kraft und Anschaulichkeit der

Abb. 32. Ein Zwiegespräch auf dem Lande. (Mit Genehmigung der Photographischen Gesellschaft in Berlin.)

Abb. 33. Studie zu dem Bilde „Ein Zweckessen auf dem Lande."

Phantasie, die das Kennzeichen eines echten Künstlers sind, hatte sich Bautier mit dem Geiste eines einzelnen Standes jener Epoche, der im behaglichen Genusse des Daseins, in einem eng begrenzten Kreise von Gedanken und Meinungen sein Lebensideal fand und nichts so sehr verabschente wie den Wechsel der irdischen Dinge, so innig vertraut gemacht, daß diese Gestalten aus einer längst entschwundenen Zeit in ihrem ganzen Wesen so lebendig, so klar und wahrhaftig vor uns treten wie die Bauern Bautiers, die wir noch heute in den einsamen Gebirgsdörfern und den lieblichen Fluß- und Wiesenthälern des Schwarzwaldes aufsuchen könnten.

Die Thätigkeit Bautiers als Illustrator, die er übrigens auch später noch in einzelnen Beiträgen für Gedichtsammlungen, für das Düsseldorfer Künstleralbum u. a. m. fortgesetzt hat, hat uns, weil wir sie im Zusammenhange würdigen wollten, in der Schilderung seines künstlerischen Entwicklungsganges etwas abseits vom Wege geführt. In das Ende der sechsziger Jahre fallen noch zwei seiner Hauptwerke, von denen das früher (1868) entstandene, die „erste Tanzstunde" (in der Berliner Nationalgalerie, s. Abb. 19 und die Studien dazu Abb. 20 und 21) durch den leicht gedämpften Humor, die sonnige Heiterkeit und die Schönheitsfreude, die die ganze Atmosphäre durchdringen, dem Herzen des deutschen Volkes besonders nahe getreten ist. In der Wirtsstube sind fünf junge Mädchen unter der Obhut einer älteren Frau und dem Zulauf der neugierigen Dorfjugend zum Tanze angetreten. Während

Abb. 34. Am Schaukasten. (Nach einer Originalphotographie von Frans Hanfstängl in München.)

sich vier bereits gerichtet haben, um nach der Weisung des alten Tanzlehrers die Füße auseinanderzusetzen, also die erste Stellung einzunehmen, nestelt die fünfte noch an einem ihrer Tanzschuhe herum, die heute an die Stelle der sonst üblichen, bei der Arbeit und zum Marsche dienenden, derben Schnürstiefel getreten sind. Auf der anderen Seite harren die fünf Partner der Tänzerinnen des Augenblicks, wo nach den ersten Anstandslehren die Aktion der Paare beginnen kann. Der älteste von ihnen, der eine Rose zwischen den Zähnen hält, betrachtet inzwischen mit kritisch prüfendem Blick die ersten Versuche, die im andern Lager gemacht werden. Die Tracht der Mädchen und Jünglinge zeigt, daß wir uns in dem fruchtbaren, anmutigen Gutachthal befinden. Hier und im Schapbachthal hat sich neben dem Markgräfler Lande die schönste, kleidsamste Frauen- und Mädchentracht des ganzen Schwarzwaldes erhalten. Die Trachten in beiden Thälern sind vielfach verwandt, wobei das besonders charakteristische Moment die breitrandigen, gelben Strohhüte mit den „Wollrosen" sind, die bei verheirateten Frauen schwarz, bei den Mädchen rot sind. Sie werden immer so angeordnet, daß eine oben auf der Spitze des Hutes ruht, und von ihr laufen strahlenförmig zwölf andere, zu je zweien gesellt, nach dem Rande aus. Über den Rückenhängen noch zwei lange schwarze Bänder herab, und unter dem Kinn halten zwei schwarze Bindebänder den Hut fest, unter dem gewöhnlich noch eine Kappe von schwarzem Seidenzeuge mit gleichfarbiger Kreppbarbe getragen wird. Es ist vorauszusehen, daß auch diese Tracht, die besonders den jungen Mädchen etwas überaus Anziehendes giebt, nicht mehr lange dem Vorwärtsdringen der städtischen Kultur mit ihrem jede Individualität, jeden persönlichen Geschmack zerstörenden Bazarunwesen Stand halten wird, und unter diesem Gesichts-

Abb. 35. Beim Advokaten (1872). (Mit Genehmigung der Photographischen Gesellschaft in Berlin.)

punkt betrachtet, werden die Bilder Vautiers bald noch zu allen übrigen Reizen die Bedeutung geschichtlicher Urkunden von höchster Zuverlässigkeit gewinnen.

Das zweite der oben genannten Hauptwerke, „Der unterbrochene Streit" (1867), ist eines der äußerst seltenen Bilder des Künstlers, in denen die Szene von dramatischem Leben oder doch von einem Nachklang davon durchzuckt wird. Der Schauplatz ist wieder ein Schwarzwälder Wirtshaus. Zu Boden geschleuderte Stühle, umgeworfene Weinkrüge, deren Inhalt sich auf den Fußboden ergossen hat, zerbrochene Gläser sind die Spuren eines Kampfes, der eben zwischen zwei jungen Burschen getobt hat. Der, der Sieger geblieben ist, sitzt noch an allen Gliedern vor Erregung zitternd, vorn am Tisch, wo er seinen Platz behauptet hat. Seine Mutter legt ihm mit zärtlicher Zusprache die Hand auf die Schulter, und im Hintergrunde rechts sind drei junge Mädchen sichtbar, von denen das eine in seiner Angst auf eine Bank gestiegen ist. Im Mittelgrunde eine Gruppe heftig über den Vorfall debattierender Bauern mit dem stämmigen Wirt, der mit der ausgestreckten Rechten auf den Übelthäter vorne weist, den er für den Friedensbrecher hält. Ganz im Hintergrund links, am Fenster, ist ein älterer Bauer mit finsteren Mienen bemüht, den besiegten Gegner zurückzuhalten, damit er sich nicht von neuem auf seinen Widerpart stürze.

Wenn Vautier solche Szenen, wo sinnlose Wut den Menschen zum wilden Tiere macht, nicht wieder gemalt hat, so lag das nicht etwa, wie dieses Bild vollauf beweist,

Abb. 36. Studie zu dem Bilde „Die entzweiten Schachspieler."

Abb. 37. Der Hypochonder. (Mit Genehmigung der Photographischen Gesellschaft in Berlin.)

an den Grenzen seiner Begabung, an einem Mangel an Kraft in dramatischer Schilderung, sondern an seinem von Jugend auf gepflegten Schönheitssinn, an seiner Neigung, die Seelen der Menschen zu studieren, wenn sie sich nicht in leidenschaftlicher Erregung, die den Seelenforscher oft irre führt und ungerecht macht, sondern im Normalzustande, im Gleichgewicht ihrer seelischen und physischen Eigenschaften und Kräfte befinden. Eine dramatisch zugespitzte, im modernen Sinne sogar „sensationelle" Begebenheit hat er später nur noch einmal dargestellt, in einem „Eine Verhaftung" benannten Bilde, das bei seinem ersten Erscheinen auf der Münchener internationalen Kunstausstellung von 1879 einen großen, durchschlagenden Erfolg errang, trotzdem daß ein in Paris gebildeter Schwede, Namens Salmson, mit einem Bilde ähnlichen Inhalts, einer Verhaftung in einem Dorfe in der Picardie, aufgetreten war, das aber mehr durch das Raffinement des Kolorits als durch die Mannigfaltigkeit und Tiefe der Charakteristik blendete. Diese Vorzüge hatte dagegen des deutschen Meisters bescheiden und doch kräftig und nachdrucksvoll gemaltes Bild (Abb. 22 und die dazu gehörigen Studien Abb. 23—31) in reichstem Maße. In einer Nebengasse einer Schwarzwaldstadt hat sich endlich das Schicksal eines Mannes erfüllt, das ihm seine Nachbarn längst prophezeit hatten. Ein Gendarm hält ihn mit festem Griff am Rockkragen, während er ihn, unter der Aufsicht eines Gerichtsbeamten — die Gruppe ist bereits am Ausgang der Gasse angelangt — in sicheren Gewahrsam bringt. Der Mann muß in dem dunklen Gewölbe gegenüber dem Laden des ehrsamen Bäckermeisters, der als Volksredner die ganze Ansammlung von Kindern und Vorübergehenden beherrscht, ein dunkles Gewerbe betrieben haben. Die auf dem Bilde noch sichtbaren Buchstaben seiner Firma rechts neben dem Thorbogen deuten darauf hin, daß er vielleicht durch unsaubere Geldgeschäfte mit den Gesetzen in Konflikt geraten ist. Trotz der Erbitterung, in die nachgerade die Bevölkerung durch Verführer und Blutsauger schlimmster Art gedrängt worden ist, erhält sich aber immer noch ihr gesunder Kern. Die Leute haben auch mit ihren Feinden Mitleid, und das hat Bautier in diesem Sittenbilde nach seiner Kenntnis des innersten Wesens der Schwarzwälder auch zum Ausdruck gebracht. Wenn auch die zornigen Männer wild aufbegehren, wenn sich auch die ruhigen Philister scheu, aber mit bösen Blicken, an der Stätte des Unheils vorüberdrücken, so haben doch manche Frauen und Mädchen inniges Mitgefühl mit den beiden Verlassenen. Ob das junge Weib, das in namenlosem Schmerze, in der ersten Morgenfrühe durch das schreckliche Ereignis aufgescheucht, nur dürftig bekleidet auf der Schwelle zusammengebrochen ist, die Frau oder die Tochter des Verhafteten ist, hat der Künstler zweifelhaft gelassen. Aber die Schilderung ihres Schmerzes hat er so beredt gestaltet, daß die Teilnahme, die ihr die Jugend zuwendet, völlig begreiflich ist.

Tritt hier die Intimität der Charakteristik hinter dem Interesse an dem sensationellen, eine ganze Gasse in Aufregung bringenden Ereignis etwas zurück, so sind dagegen fast alle Figuren, denen wir auf dem 1871 entstandenen „Zweckessen auf dem Lande" (Abb. 32 und die dazu gehörige Studie Abb. 33) begegnen, auf die eindringlichste Charakter- und Seelenmalerei gestellt. Mit einem Schlage versetzt uns der Künstler in die Parteiungen und bitteren Zwistigkeiten einer Landgemeinde des Gutachthals. An einem Fürstenhofe kann um den Vortritt bei einem Galadiner nicht heftiger geführt werden als unter diesen stolzen, stiernackigen Bauern, von denen einer dem anderen nicht ein Haar breit weichen möchte. Während der am obersten Ende der Tafel sitzende Landrichter, die Verkörperung starren Bureaukratentums, bereits das Zögern der Zuspätgekommen übel bemerkt, sucht der alte Geistliche mit einer Miene, die von lauter Versöhnlichkeit und Friedfertigkeit leuchtet, durch eine einladende, an den Führer der Mißvergnügten gerichtete Geberde dem drohenden Konflikt vorzubeugen. Aber inzwischen scheint bereits die feindliche Spannung der Opposition aufs höchste gestiegen zu sein. Der breitschultrige, bünenhafte Bauer, der mit auf dem Rücken zusammengeschlagenen Händen im Vordergrunde links steht, wirft einen Blick voll unverhohlenen Hasses auf den Bauern, der ihm zuvorgekommen ist und sich's eben auf dem Lehnstuhl zur Linken der höchsten Respektsperson bequem gemacht hat. Daß sein Haß zuvor wacker geschürt worden ist, läßt sich unschwer aus der höhnisch-triumphierenden Miene des neben ihm stehenden kleinen Schneiders, der seine helle Freude an Streit und Unfrieden hat, herausfühlen, und auch auf der andern Seite scheint der verbissene Großbauer Gesinnungsgenossen zu haben, die nur mühsam ihren Groll über die ihnen vermeintlich widerfahrene Unbill zurückhalten. In der Mitte zwischen den feindlichen Parteien sitzt als ein Urbild von Gelassenheit, Demut und sanfter Ergebung in das Schicksal der hagere Dorfschullehrer, den schon die Rücksicht auf sein schmales, fast allein auf die Gnade der reichen Bauern gestelltes Einkommen jede Parteinahme, eigentlich schon jedes laute Wort in dieser Gesellschaft verbietet.

Schon bei den Illustrationen zu Immermanns „Oberhof" haben wir gesehen, mit welchem Eifer und mit welch glücklichem Gelingen sich Bautier in das Studium der typischen Gestalten der noch halb ländlichen, von den Schienenwegen des Weltverkehrs abgelegenen kleinen Städte versenkt hat. Diese Studien setzte er auch später noch fort, und so entstand nach und nach eine ganze Galerie von seltsamen Gestalten, die kulturhistorisch eine nicht geringere Bedeutung haben als seine Bauern, weil auch sie bereits einer Zeit angehören, die mehr und mehr im Gedächtnis der Lebenden verblaßt und bald nur aus litterarischen und künst-

Abb. 38. Tanzsaal in einem schwäbischen Dorfe. (Mit Genehmigung der Photographischen Gesellschaft in Berlin.)

lerischen Dokumenten in ihrer philisterhaften Beschränktheit studiert und verstanden werden kann. Der Landrichter auf dem „Zweckessen", der Urtypus des von seiner Würde ganz und gar durchdrungenen, kleinstädtischen Beamtendünkels, ist ein köstliches Glied in dieser Reihe von Gestalten. Vormärzliche Polizeigesichter dieser Art sind ebensowohl aus dem modernen Leben verschwunden, wie z. B. der Krämer, bei dem alles zu haben ist, was der Landbewohner braucht, und der vor seiner Hausthür unter dem Thorbogen wie die Spinne in ihrem Netze sitzt, um die Kauflustigen schnell abzufangen (Abb. 34), oder der würdige Advokat in altväterischer Tracht, der es nicht verschmäht, seinen ganzen Scharfsinn anzubieten, um nach den Dokumenten den schwierigen Fall zu prüfen, den ihm der Spießbürger mit den listig funkelnden Augen noch redselig erläutert (Abb. 35). In kleinen Städten mögen aber noch harmlose Philister ihr verborgenes Dasein leben, wie sie uns Bautier in dem Bilde „Die entzweiten Schachspieler" (eine Studie dazu giebt Abb. 36) darstellt, und die Spe-

Abb. 39. Studie zu dem Bilde „Tanzsaal in einem schwäbischen Dorfe." S. S. 43.

zialität der vertrockneten Altenmenschen, die selbst durch die erwachende Frühlingspracht eines deutschen Wäldchens mit argwöhnischem, mißtrauischem Gesicht dahinschleichen wie Bautiers klassischer „Hypochonder" (Abb. 37), ist auch noch nicht völlig ausgestorben.

Lange und gern verweilte Bautier aber nicht bei diesen teils drolligen, teils griesgrämigen Grillenfängern. Das Lebenselixier seiner Kunst war und blieb doch immer die heitere Lebenslust, das wohltemperierte Vergnügen seiner lieben Schwarzwälder allemannischen Stammes. Je mehr er von ihren stillen Freuden zu erzählen versuchte, desto tiefer drang er in die Seelen dieses Volksstammes ein, und darum wirkt jedes Bild des Meisters immer wie ein frischer Trunk aus der Quelle. Was wir selbst bei den größten niederländischen Genremalern, bei Brouwer, Teniers, Ostade, Terborch, Steen, Metsu und anderen beobachten, daß sich nämlich bei dem großen Umfange ihres Schaffens nicht bloß ihre Typen, sondern auch ihre Kompositionen wiederholen — diesen Überdruß an dem ewig Gleichen im beständigen Wechsel des Motivs empfinden wir bei Bautier niemals. Jene Niederländer sind dafür größere Koloristen oder sagen wir besser Farbentechniker als er gewesen. Denn für ihn ist die Darstellung in Farben nur Mittel zum Zweck. Ihm steht das seelische Moment höher als das koloristische. Er sucht zuerst die Seelen seiner Menschen zu ergründen, und dann wählt er mit Sorgfalt die Mittel, um seiner höchsten Absicht zu einem vollkommenen Ausdruck zu verhelfen. Diese Art malerischer Darstellung steht zur Zeit, wo wir dieses Charakterbild

Abb. 40. Im Kreuzgang. (Mit Genehmigung der Photographischen Gesellschaft in Berlin.)

eines auf sich selbst gestellten und in seiner Anschauung vollkommen gefestigten Künstlers entwerfen, in sehr geringer Schätzung. Die jungen Stürmer und Dränger, denen der Lehr- und Entwicklungsgang der alten Meister zu lang und zu langweilig geworden ist, wollen rasch fertig werden, und eine schnellfertige Technik befördert den raschen Entschluß. Auf den Inhalt einer künstlerischen Darstellung kommt es nach ihrer Meinung nicht mehr an. Nur die unendliche Vervollkommnung der technischen Kunstgriffe, der in Hunderten von aus- und inländischen Ateliers erdachten und eifrig herumgetragenen koloristischen Kniffe und Witze kann der darbenden Kunst eine goldene Zukunft, ein Paradies eröffnen! Bis jetzt hat diese neue Lehre aber mehr Geräusch gemacht, als wirkliche Erfolge gehabt, und wenn wir ihre Grundsätze als Maßstab jeder Kunstbeurteilung annähmen, würden bei einer solchen Art von Prüfung selbst ein Raffael und ein Michelangelo schlecht bestehen, die niemals Koloristen im modernen Sinne gewesen sind, sondern immer den Nachdruck auf den Inhalt ihrer Darstellungen, den geistigen wie den materiellen, gelegt haben.

In der Reihe der Künstler dieses Schlages nimmt auch Bautier, natürlich nach dem Maße der ihm verliehenen Gaben, seinen Platz ein. Er ist immer mehr Charakterzeichner und Erzähler als Kolorist;

Abb. 41. Studie zu dem Bilde „Im Kreuzgang." S. S. 46.

aber seine glückliche Beobachtungsgabe, seine schier unerschöpfliche Erfindungskraft bringen es zuwege, daß man seiner Dorfgeschichten, trotz ihrer kaum noch übersehbaren Fülle, weit weniger überdrüssig wird, als der oft verblüffenden, koloristischen Experimente der „Modernen", bei denen nur die Augen geblendet, die Sinne gekitzelt werden, während Geist und Gemüt völlig leer ausgehen.

Es ist eine in seinem lichten Kunstcharakter tief begründete Eigentümlichkeit Bautiers, daß er fast niemals, was einst ein großer Pfadfinder auf einem anderen

Kunstgebiete, Gustav Freytag, als eine notwendige Forderung aufgestellt hat, das Volk bei der Arbeit aufsucht. Auch hierin steht er in vollem Gegensatz zu einer großen Gruppe der modernen Künstler, die die Freytagsche Forderung auf breiterer Grundlage mit sozialpolitischer Tendenz in den Vordergrund ihres Schaffens gerückt oder gar zu dessen Endziel gemacht haben. Zeigt Bautiers Thätigkeit dadurch eine gewisse Einseitigkeit, so hebt er sie wieder durch die Mannigfaltigkeit und Tiefe seiner Charakteristik auf.

Dieses kommt uns wieder zum vollen Bewußtsein, wenn wir, in der chronologischen Betrachtung seiner Werke fortfahrend, uns dem 1872 gemalten „Tanzsaal in einem schwäbischen Dorfe" (Abb. 38 und die dazu gehörige Studie Abb. 39) zuwenden. Von dem Tanze selbst bekommen wir in den links im Hintergrunde durcheinander wirbelnden Paaren nur wenig zu sehen, desto mehr von den Zuschauern männlichen und weiblichen Geschlechts, die mit wahrer Andacht dem höchsten irdischen Vergnügen der Dörfler zuschauen, an dem selbst teilzunehmen ihnen allzugroße Jugend oder dienstliche Obliegenheiten verbieten. Haben wir hier nur helle Freude an einer stattlichen Reihe anmutiger Kindergestalten, deren Schönheit noch halb in der Knospe verschlossen ist, so zeigt uns Bautier in der prächtigen Gruppe der drei Musikanten in der Mitte neben der Anmut auch die Schärfe und den Humor seiner Charakterisierungskunst. Das zu einer drolligen Grimmasse verzerrte Gesicht des Klarinettenspielers ist sozusagen bereits das Echo seines keineswegs die Schönheit befördernden Gewerbes geworden, und das vertrocknete Antlitz des schmalen Männchens mit der Violine erzählt uns einen ganzen Roman von den Leiden und Entbehrungen eines herunterziehenden Dorfmusikanten, dem nur Sonn- und Festtags ein karger Verdienst in den Dorfwirtshäusern winkt.

Wie im Schaffen fast aller großen deutschen Genremaler nehmen auch in dem Bautiers Darstellungen aus dem Kinderleben einen großen Raum ein. Der Familiensinn, die Freude am Familienleben ist einer der Grundzüge des deutschen Volkscharakters, die ihn scharf von dem der Glieder der romanischen Völkergruppe unterscheiden, und mit richtiger Empfindung für diese Eigentümlichkeit ihres Volkes haben die deutschen Genremaler im Gegensatz zu den französischen den Schwerpunkt ihrer Thätigkeit von jeher in der Darstellung dieser ruhigen Freuden gefunden. Diese Darstellungen haben auch zuerst die Achtung vor der deutschen Kunst im Auslande, zumeist bei den Franzosen, begründet und an diesem Siege über Vorurteil und Haß gegen deutsche Kunst und deutsches Wesen hat Bautier seinen reichen Anteil gehabt. Wir haben schon mehrfach bei den bisher besprochenen Bildern des Künstlers auf die liebevolle, außerordentlich mannigfaltige Charakteristik seiner Kindergestalten hingewiesen. Aber es waren immerhin erst verhältnismäßig wenige Typen aus dem Schatzkästlein seiner Studien. Oft genug hat er Kinder allein zum Gegenstand umfangreicher Bilder gemacht oder sie so in den Vordergrund des Interesses gerückt, daß sie die ganze Komposition beherrschen. Eines der frühesten Bilder dieser Art, „Im Klostergang" (1874, Abb. 40 und die Studie dazu Abb. 41) läßt uns in einen romanischen Kreuzgang blicken, in dessen altersgrauer, ehrwürdiger Umrahmung sich eine Schar von jugendfrischen Mädchen verschiedenen Alters während der Erholungspause des Unterrichts unter der Aufsicht einer wohlwollenden Schulschwester tummelt. Herrschen hier noch unumschränkt eitel Jugendlust und unbefangener Frohsinn, so tritt in der „Katechisation" (Abb. 42), zu der anscheinend die beiden Zeichnungen, die unsere Abbildungen 43 und 44 wiedergeben, als Vorstudien gedient haben, bereits der Ernst des Lebens in den Vordergrund, freilich mehr in den Mädchen, die dem jungen am Altar in der Sakristei lehnenden Geistlichen viel ernster und ergriffener Rede stehen oder seinen Worten lauschen als die Knaben, die ihre rüpelhaften Gewohnheiten aus der Dorfschule auch an dieser geweihten Stelle nicht lassen können. Wie diese Rangen sich außerhalb der Schule geberden, wie auch im Schwarzwald das alte Wort „Jugend hat keine Tugend" in voller Geltung steht, hat Bautier besonders drastisch in dem mehr komischen als wirklich bösartigen Bilde „Hinterlist" (1884, in der Hamburger Kunsthalle, Abb. 45) mit der köstlichen Winterlandschaft gezeigt, und was für Allotria, welchen Unfug die Schulbuben auf sonst noch auf ihrem Wege zur Bildungsstätte treiben, lesen wir von einem Studienblatte (Abb. 46) ab, dessen einzelne,

Abb. 42. Ratschsession. (Mit Genehmigung der Photographischen Gesellschaft in Berlin.)

offenbar direkt nach dem Leben niedergeschriebene Figuren, wenn wir nicht irren, zu dem Bilde „Dorfjugend im Schnee" verwertet worden sind.

In die vornehme Umgebung einer reichen Familie, die den Sommer in ihrer prächtigen Landvilla verlebt, führt uns das Bild „Merkwürdige Begebenheit" (Abb. 47 und die Studie dazu Abb. 48), dessen Hauptperson, die die mütterliche Nahrung spendende Amme, wie die riesige Bandschleife ihres Kopfputzes zeigt, freilich wieder mit dem Schwarzwald zusammenhängt, mit jenem Teile des Breisgaues, den man das „Markgräfler Land" nennt. Die dort gedeihenden Mädchen zeichnen sich vor den übrigen Schwarzwälderinnen durch ihre oft auffallende Schönheit aus, und darum werden sie gern in die Stadt als Dienstboten gezogen, besonders wenn eine prächtige Maid dieses Schlages in die Lage gerät, die unser Bild zum höchlichen Ver-

Abb. 44. Andächtige Mädchen. Nach einer Zeichnung.

Abb. 43. Studie zu dem Bilde „Katechisation." S. 2. 19

gnügen des kleinen Burschen im Sammetanzug vorführt, der mit lächelnder Neugier demselben Ernährungsprozeß beiwohnt, den er selbst einst unbewußt durchgemacht hat. Der sichere Takt und die keusche Anmut, die über allen Schöpfungen Bautiers wachen, lassen auch hier keine Empfindung aufkommen, die den stillen Frieden dieser kleinen Idylle stört. — Der gesamte Charakter dieses Bildes erinnert uns daran, daß Bautier schon zwei Jahre früher eine kleine Episode aus dem Leben der müßigen Dienerschaft vornehmer Häuser gemalt hat, die wir nicht bloß als Zeugnis seiner Vielseitigkeit, sondern auch seines scharf pointierten Humors wiedergeben (Abb. 49). Die halb verblüffte, halb noch in verknöchertem Hochmut trotzende Miene des bejahrten Dieners in Rokokotracht zeigt wirklich mit unverkennbarer Deutlichkeit, daß das hübsche Bauernmädchen, das nach verrichteter Arbeit den herrschaftlichen Park verläßt, ihn bei seinem unziemlichen, nach der frischen Jugend lüsternen Begehren gründlich „abgetrumpft" hat. Natürlicher Witz und

4*

Abb. 45. Hinterlist. In der Kunsthalle zu Hamburg. Phot. Verlag der Phot. Union, München.

die trotzige Keckheit, die nur unverdorbene Jungfräulichkeit schaffen kann, haben dem alten Sünder sein listiges Spiel verdorben.

Die einfachste und doch humorvollste seiner Kinderszenen, die jedes Vater- und Mutterherz mit hellster Freude in Erinnerung an zahllose ähnliche Auftritte in der eigenen Familie erfüllt, hat Bautier 1889 gemalt: die ganz und gar schwarzwäldisch-ursprüngliche Badeszene, wobei ein etwa achtjähriges Mädchen nach dem Weggang der Mutter die Aufsicht über den krausköpfigen Bruder führt, der sich, aus Leibeskräften schreiend, um dem Tode durch Ertrinken zu entgehen, an dem Rand des großen Waschzubers festklammert, der in dieser ländlichen Einfachheit die Rolle der städtischen Badewanne spielen muß (Abb. 50 und die dazu gehörigen Studien Abb. 51 und 52).

Kinder verschiedenen Alters bilden auch den Mittelpunkt des 1879 entstandenen humorvollen Bildes, das den Besuch eines städtischen Muttersöhnchens bei seiner Verwandtschaft auf dem Lande darstellt (Abb. 53, 54 und 55). Der fremde Knabe fühlt sich trotz des ermunternden Zuredens

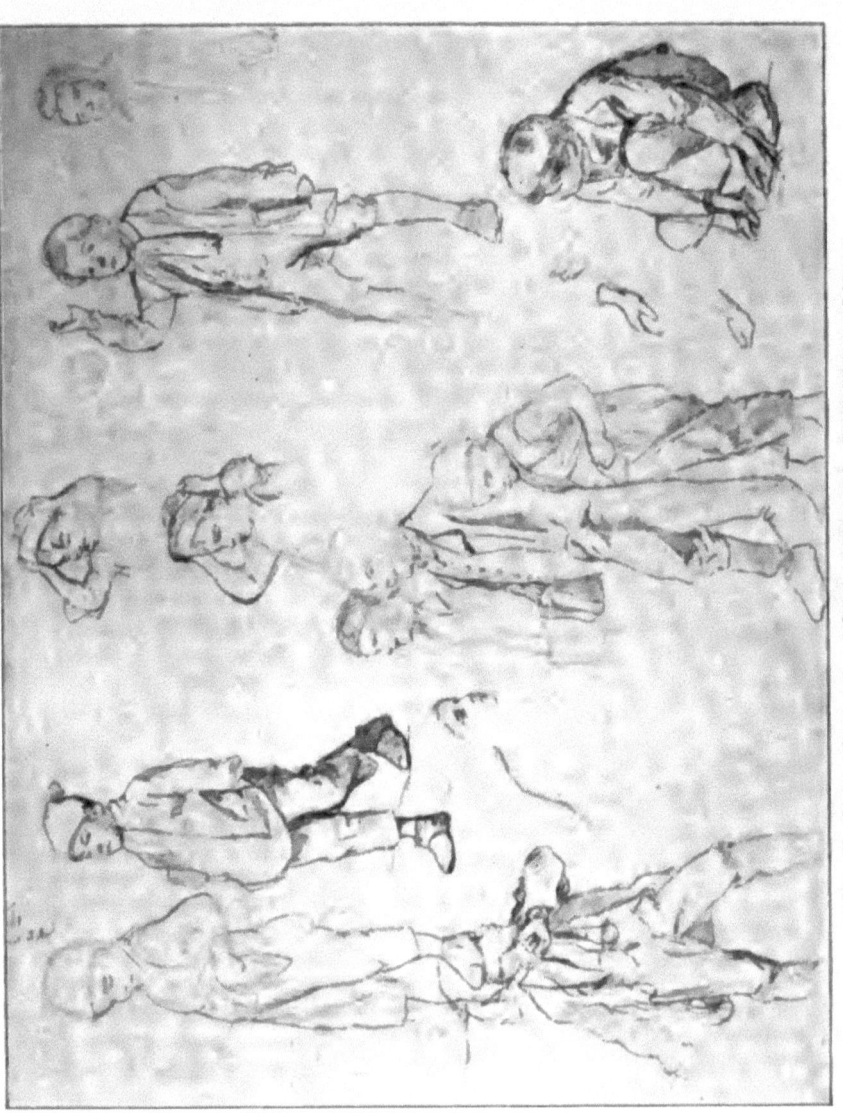

Abb. 46. Studienblatt mit zur Schule gehenden Knaben. Nach einer Zeichnung.

Abb. 47. Eine merkwürdige Begebenheit. (1877). (Mit Genehmigung der Photographischen Gesellschaft in Berlin.)

seiner Mutter bei den Vettern auf dem Lande offenbar nicht wohl, obwohl einer der Kleinsten sein Bestes, einen rotbäckigen Apfel, hergiebt, um den Besuch freundlich zu stimmen, und auch sonst die ganze Umgebung nur Traulichkeit und Behaglichkeit ausströmt. Wie hier die Blicke der Erwachsenen alle lächelnd auf den störrigen Gast gerichtet sind, so bildet auf der freundlichen Idylle „Ein neuer Weltbürger" (1888, Abb. 56 und 57), deren Schauplatz die bedachte Vorhalle eines hochgelegenen Dorfkirchleins ist, ein Neugeborener, der Stolz der jungen Mutter, den Mittelpunkt höchlichen Interesses oder fragender Neugier der Kirchgänger. Es handelt sich vermutlich erst um die Danksagung der eben genesenen Wöchnerin vor Gottes Altar, da bei einer Taufe gewöhnlich ein reicherer Aufwand in der Tracht und eine größere Gevatterschaft aufgeboten wird. Daß Kinder aber nicht immer, wie hier, lichte Freude um sich verbreiten, sondern bisweilen auch eine recht unbequeme, störende Zugabe sein können, empfindet niemand so sehr wie das Liebespaar auf dem „Belauschte Werbung" genannten Bilde (Abb. 58). So recht eigentlich vermögen sich die beiden verliebten Leutchen ihres Glücks noch nicht zu erfreuen; denn das hübsche, dralle Mädchen in der schmucken Markgräfler Tracht „lutherischen" Gepräges, die Hebel, der erste und echteste Dichter des Schwarzwalds, in einer seiner lieblichsten Dichtungen so anmutig besungen hat, blickt ängstlich nach der neben dem Schrank im mütterlichen Lehnstuhl sitzenden, jüngeren Schwester, deren gespannt lauschende Miene nur zu deutlich verrät, daß sie sich bei weitem nicht so ernstlich in ihr Strickzeug vertieft hat, wie der auf dem Fußboden liegende kleine Bruder in seine Bilderchronik.

Es ist auffallend, daß Vautier eigentliche Liebesszenen sehr selten dargestellt hat, und von dem „Bangen und Bangen in schwebender Pein", das den Grundton eines guten Teils der schwäbischen Volkslieder bildet, scheint er ganz und gar nichts wissen zu wollen. Junge Bursche und Mädchen im fröhlichen Beisammensein zum Tanz oder zu sonstiger Unterhaltung — das ist seine Sache. Aber girrende Liebhaber und schmachtende Schönen mögen seinem gesunden Gefühl unsympathisch sein. Vielleicht glaubt er auch, das Seinige nach dieser Richtung in den Illustrationen zum „Oberhof" und zum „Barfüßele" gethan zu haben. Darin begegnet er sich mit dem um einige Jahre jüngeren, sonst ganz anders gearteten Defregger, dem alles empfindsame, verliebte Girren, das schmachtende Anstarren zweier Liebesleute, ebenso gründlich zuwider ist. Mit diesem hat Vautier auch die Neigung gemein, aus der Fülle seiner Studien einmal eine Einzelgestalt herauszuheben und sie allein in sorgsamer Durchführung zum Gegenstande eines Bildes zu machen, wobei er es freilich im Gegensatz zu den nach dieser Richtung vielseitigeren Defregger und Knaus fast nur auf hübsche, junge Mädchen abgesehen hat. Zur Probe führen wir zwei Prachtgeschöpfe aus dieser Vautierschen Schönheitsgalerie unseren Lesern vor Augen: das schöne Mädchen bei der Sonntagstoilette, dessen feines, mit Spitzen besetztes Hemd neben dem prächtig gestickten Miederlatz auf das Haus eines wohlhabenden Großbauern deutet (Abb. 59), und die dunkeläugige, am Fenster des Geliebten harrende Markgräflerin im Arbeitskleid, wobei an die Stelle der großen Bandschleifen mit den breiten Flügeln um den Kopf geknotete Tücher treten, bei den Protestanten weiße, bei den Katholischen rote

Abb. 48. Studie zu dem Bilde „Eine merkwürdige Begebenheit."
S. S. 54.

Abb. 49. **Abgetrumpft.** (1875.) (Mit Genehmigung der Photographischen Gesellschaft in Berlin.)

(Abb. 62). Zur Ergänzung und weiteren Charakteristik des Künstlers als eifrigen Forschers in der Anmuts- und Schönheitsfülle des Schwarzwaldes und auch des städtischen Lebens reihen wir hier eine Anzahl von zufälligen Naturstudien an, die später größtenteils eine wirksame Verwendung in figurenreichen Kompositionen gefunden haben (Abb. 60, 61, 63—67).

Wenn uns Vautier also nur sehr wenig von dem heimlichen Kosen verliebter Paare erzählt hat, so ist er dafür desto redseliger, wenn es sich um eine Hochzeit oder die Vorbereitungen dazu handelt. Freilich ist ihm dabei, wenn er bei der Wahrheit bleiben wollte, im Laufe der Jahrzehnte, während welcher er das Leben und die Sitten der Schwarzwaldbevölkerung studiert hat, manch dankbares malerisches Motiv entgangen, manch Stück altertümlicher Tracht entschwunden, das sich nur noch in der Erinnerung der Großväter und Großmütter und bei Raritätensammlern erhalten hat. Auf Absonderlichkeiten des Kostüms oder gar auf gewisse Ungeheuerlichkeiten des weiblichen Kopfputzes bei feierlichen Gelegenheiten scheint Vautier übrigens niemals großes Gewicht gelegt zu haben. Den trichterförmigen Aufsätzen, die vor Jahrzehnten die Frauen von Villingen trugen, den Kränzchen, die auf den Häuptern der Mädchen wippen, die einen Neugeborenen zur Taufe tragen, den steifen Cylinderhüten der katholischen Frauen des Baarer Landes — diesen und ähnlichen seltsamen Schmuckstücken, die die weibliche Erscheinung nach unserem Geschmack mehr entstellen als verschönern, sind wir auf Bildern Vautiers niemals begegnet. Es scheint, daß diese Ungeheuerlichkeiten seinem Gefühl, das sich immer im Gleichgewicht einer edlen Maßhaltung bewegt, widersprachen, und er wählte darum aus der Fülle Schwarzwälder Trachten, was ihm als das Charakteristische und Schöne zugleich erschien. In neuerer Zeit haben sich aber die Grenzen der einzelnen Landschaften des Schwarzwaldes, die früher in Sitten und Trachten eine gewisse Verschiedenheit darboten, dank der Erleichterung des Verkehrs durch Schienenwege und Dampfwagen, so verwischt, daß es selbst dem gelehrtesten Vertreter der modernen „Kostümwissenschaft" schwer fallen dürfte, von jeder einzelnen Erscheinung immer mit unfehlbarer Sicherheit ihre Herkunft aus diesem oder jenem Thal, aus diesem oder jenem Gebirgsdorfe festzustellen. Wir haben wenigstens bei diesem Versuch, das Gegenständliche in Vautiers Bildern aus seinem Nährboden zu erklären, oft die Kostümbücher, die ethnographischen Schilderungen, die Reiseführer u. s. w. vergebens zu Rate gezogen und dabei gestaunt, wie weit die Beobachtungen gelehrter Männer über einen Kopfputz, ein Mieder, eine Schürze oder einen Hut auseinandergehen. Schapbacher und Gutacher Trachten sind nicht stark von einander unterschieden, und die Markgräfler und die Hanauer auch nicht. Um die Hauensteiner, die noch die meisten charakteristischen Eigentümlichkeiten haben, hat sich Vautier aber sei seinen ersten Studien in Herrischried nicht wieder gekümmert. Vielleicht mit Absicht, weil Knaus eine Zeitlang das „Hotzenland" zu seiner Domäne erkoren hatte und er mit diesem nicht wetteifern wollte, zumal auf einem Gebiet, dessen streitbare Insassen sich, wie wir aus den prächtigen Schilderungen Scheffels wissen, leicht zu unerfreulichen Thaten anregenden Verlaufs hinreißen lassen.

Oft scheint es auch, als habe Vautier absichtlich Trachten aus verschiedenen Teilen des Schwarzwaldes mit einander gemischt, um seine Kompositionen über das Zufällige zu erheben und zu allgemeingültigen Schilderungen aus dem Leben des gesamten Schwarzwaldgebietes zu machen. Die Hochzeitsgesellschaft freilich, die wir auf einem der anmutigsten und schönheitreichsten Bilder des Künstlers, dem „Abschied der Braut vom Elternhause", im höchsten Stadium der

Abb. 50. Im Bade. (Mit Genehmigung der Photographischen Gesellschaft in Berlin.)

Fröhlichkeit vor uns sehen (Abb. 69 und die dazu gehörige Studie Abb. 68), scheint, so weit die Trachten vermuten lassen, samt und sonders aus dem Kinzigthale und seiner nächsten Umgebung zu stammen. Vielleicht ist gar die Gemeinde Kinzigthal selbst oder das fast ebenso lang sich hinstreckende Dorf Vorderes Lehengericht der Schauplatz der heiteren Scene, bei der der holden jungen Frau der Abschied viel weniger schwer wird als dem nachdenklich und ernst gestimmten Elternpaar und der jüngeren Schwester, die sich weinend an ihre Brust schmiegt, während die jüngste mit ihrem Bruder nach alter Sitte den Abschiedstrunk kredenzt und oben auf der Treppe des Wirtshauses zum „roten Ochsen", in dem die Hochzeit gefeiert wird, die Musikanten den Scheidenden den letzten Juchzer nachblasen und -fideln Der auf der Straße harrende Wagen mit den beiden prächtigen Rappen deutet darauf hin, daß die junge Frau in ein wohlhabendes Heim zieht. In der noch sonnenhellen Landschaft, die rechts die wieder in allen

Abb. 51. Studie zu dem Bilde „Im Bade." S. S. 57.

Abb. 52. Studie zu dem Bilde „Im Bade." S. S. 57.

Abb. 58. Der Better. (Mit Genehmigung der Photographischen Gesellschaft in Berlin.)

Teilen wohl abgewogene, in sanften Rhythmen gegliederte Komposition abschließt, hat der Künstler seine Meisterschaft in der Schilderung idyllischer Natur in vollstem Glanze gezeigt.

Wenn er nach seinem Erstlingswerke an eigentlich kirchlichen Handlungen und Ceremonien vorübergegangen ist, so hat er sich dafür den Humor nicht entgehen lassen, der seit der Einführung des neuen Civilstandsgesetzes im deutschen Reich mit allen den für das Landvolk sehr umständlichen und beschwerlichen Vorbereitungen verknüpft ist, die erledigt werden müssen, bevor der Herr Pfarrer den kirchlichen Segen über ein heiratslustiges Paar sprechen darf. Wie der Bauer vor allem, was mit irgend einer Behörde zusammenhängt, einen heiligen Respekt hat,

Abb. 55.
Studie zu dem Bilde
„Der Vetter". S. S. 59.

so verläßt ihn dieser auch nicht beim Gang zum Standesamt, das obendrein noch, wenigstens bei der protestantischen Bevölkerung, mit einem ganz besonders feierlichen Nimbus umgeben ist, wenn es auch in der Amtsstube nicht gerade sehr feierlich zugeht. Das Gebäude, welches den Schauplatz der einen dieser humorvollen Schilderungen Bautiers, des „Ganges zur Civiltrauung" (Abb. 72 und die Studien dazu Abb.

Abb. 54. Studie zu dem Bilde „Der Vetter". S. S. 59.

Abb. 36. Ein neuer Weltbürger. (Mit Genehmigung der Photographischen Gesellschaft in Berlin.)

Abb. 57. Studie zu dem Bilde „Ein neuer Weltbürger." S. S. 61.

70, 71, 73) bildet, hat wenigstens noch den Vorzug einer altertümlichen Stimmung für sich. Auf dem Vorsaal im ersten Stockwerk sieht man noch an dem Kapitäl der einen das Gebälk stützenden Säule, an dem Geländer der zum zweiten Stockwerk führenden Treppe, an der architektonisch reichverzierten Thür, die der Amtsdiener öffnet, vor allem aber an den großen Raumverhältnissen, daß das Standesamt nebst anderen Behörden seinen Sitz in einem ehemaligen Schlosse erhalten hat. Ein junger Bauer, der mit einem lieblichen, schlank gewachsenen Mädchen den Bund fürs Leben schließen will, hat es sich nicht nehmen lassen, in feierlichem Zuge zur Civiltrauung zu kommen, begleitet von vier Zeugen, seinem Vater, einem selbstbewußten Großbauern, der sich nicht so leicht einschüchtern läßt, der jungen Schwester der Braut, die ermutigend die Hand auf die Schulter der dem großen Ereignis Entgegenbangenden legt, und in einem ältlichen Paar, das Bautier mit dem ganzen Reichtum seiner humorvollen Charakteristik ausgestattet hat, die sich aber bei aller Schärfe und Wahrheit niemals in die Grimasse oder gar in die Karrikatur verliert. Mit welch' komischer Gravität reicht der galante, alte Herr, der zu Ehren des feierlichen Ereignisses seine städtische Galakleidung mit einem Frack von uraltem Schnitt angelegt hat, seiner behäbigen Partnerin, die noch an der Tracht des Markgräfler Landes festhält, den Arm! Während der Amtsdiener, der, wie alle kleinen Tyrannen, den ehrerbietig grüßenden Bräutigam mit vernichtenden Blicken mustert, mit nachlässiger Geringschätzung die Thür

Abb. 58. Belauschte Werbung. (Nach einer Originalphotographie von Franz Hanfstängl in München.)

Abb. 59. Die Toilette.
(Mit Genehmigung der Photographischen Gesellschaft in Berlin.)

Abb. 60. Studie nach einem Schwarzwälder Mädchen.

werden sicherlich noch andere, viel weniger feierliche Amtshandlungen vorgenommen als die Kopulierung junger glückstrahlender Brautpaare, und die beiden Mädchen, die als Trauzeugen erschienen sind, zeigen sich auch so wenig von der Bedeutung des wichtigen Augenblicks durchdrungen, daß sie nur mit Mühe ihre Heiterkeit verbergen können, die vielleicht durch die Unbeholfenheit der jungen Frau beim Unterzeichnen der Urkunde hervorgerufen worden ist. Ihr wenig angemessenes Benehmen zieht ihnen denn auch einen strafenden Blick von der Matrone zu, die, wie aus ihrer kummervollen Miene her-

zum Allerheiligsten öffnet, kommt der Standesbeamte gemächlich die Treppe herauf, um sein ewig gleiches Tagespensum zu erledigen.

Daß es im Innern eines Standesamtes, in den großen Städten ebenso wie in den kleinen Landstädten ganz und gar nicht feierlich oder etwa zu Andacht und Sammlung stimmend aussieht, zeigt uns ein Bild, das man als Seitenstück des eben geschilderten bezeichnen darf und gewissermaßen auch als Fortsetzung, wenn auch die Figuren völlig verändert sind, was bei dem reichen Studienschatze des Künstlers selbstverständlich ist. In dieser kahlen, fast jeden Schmuckes baren Stube (Abb. 75 und die Studie Abb. 74)

Abb. 61. Schwarzwälderin. Nach einer Zeichnung.

Abb. 62. In Erwartung. (1888.) Phot. Verlag der Phot. Union, München.

Abb. 63. Schwarzwälder Mädchen. Nach einer Zeichnung.

Wirtshausstreit", in dem hartherzigen Großbauern, der, die Notlage seines armen Nachbarn benutzend, diesen aus seinem kleinen Besitz zu verdrängen sucht, und in einigen steifnackigen, auf ihren Reichtum pochenden Bauerngestalten auf dem „Zweckessen" kennen gelernt. Noch häßlicher treten bäuerische Selbstsucht und Starrköpfigkeit hervor, wenn sich die Prozeßwut in diesen harten Köpfen festnistet. Dafür sind die beiden „Bauern vor Gericht" (Abb. 76) ein Paar klassischer Typen. Wenn es der freundlichen Beredsamkeit des Richters auch gelingen sollte, den einen der beiden Prozessierenden, der freilich immer noch finster und drohend genug vor sich hinblickt und seiner ängstlich den Ausgang erwartenden, sichtlich auch zum Frieden geneigten Frau keine Beachtung schenkt, zu einem Vergleiche zu bringen, so läßt die ganze Erscheinung seines Gegners, seine bis zum Äußersten entschlossene Haltung und der starre, von

vorzugehen scheint, mit ihrem greisen, in stummer Ergebenheit vor sich hin träumenden Lebensgefährten in die Stadt gekommen ist, um einen Todesfall anzumelden.

Wenn es der Künstler auch im allgemeinen vorzieht, uns seine Schwarzwälder Bauern von den günstigsten Seiten ihres Charakters, im goldenen Lichte des Humors zu zeigen, so ist er doch auch nicht blind für ihre Schwächen, für die häßlichen Züge ihrer wie der gesamten deutschen Bauernnatur. Ein paar Proben davon haben wir schon in dem „unterbrochenen

Abb. 64. Nähendes Mädchen. Nach einer Zeichnung.

fanatischem Rechtsbewußtsein oder vielmehr von der blindwütigsten Rechthaberei zeugende Ausdruck seines hageren Gesichts jede Hoffnung auf einen gütlichen Austrag der Streitsache ohne die vollste Nachgiebigkeit und Unterwerfung des anderen schwinden. Wie trefflich hat es Vautier verstanden, die beiden Hauptpersonen, ohne einer ausgeklügelten, gesucht-raffinierten Komposition zu bedürfen, so stark in den Vordergrund zu stellen, daß das Auge des Beschauers zuerst durch sie gefesselt wird und, ohne sich durch die zahlreichen, fein individualisierten Nebenfiguren ablenken zu lassen, immer wieder zu ihnen zurückkehrt! Und das hat der Künstler lediglich durch die Mittel seiner tiefen, bis in die geheimsten Falten menschlicher Seelen greifenden Charakteristik erreicht, ohne jeden koloristischen Aufwand, der seiner

Abb. 65. Schwarzwälderin. Nach einer Zeichnung.

Abb. 66. Mädchen aus dem Schwarzwald. Nach einer Zeichnung.

Natur fremd ist, wie ihm überhaupt die Farbe immer nur Mittel zum Zweck ist. Seine künstlerische Absicht ist immer nur auf das Gegenständliche gerichtet, immer nur auf die Menschen, die in ihrer normalen, alltäglichen Erscheinung auch wirklich keinen Anlaß zur Entfaltung koloristischer Kunststücke bieten, und auf ihre zufällige Umgebung, mag sie nun die freie Natur oder ein von Menschenhand geschaffener Raum sein. Die eine wie den anderen weiß er gleich liebevoll durchzuführen, und wie er immer neue Menschen findet, an denen er seine unvergleichliche Kunst der Seelenmalerei übt, so versteht er es auch, immer wieder neue anmutige Landschaftswinkel und altertümliche Räume zu entdecken,

Abb. 67. Studie zu dem Bilde „Trotzköpfchen."

„unterdrückten" Stammes vor dem greisen, sichtlich den Fall mit objektiver Ruhe und Milde prüfenden Schulzen zu vertheidigen sucht, eigentlich verbrochen hat, wird uns aus der Darstellung nicht recht klar, da ein Corpus delicti nicht zu sehen ist. Hat er das junge Paar, das sich gewaltig gegen ihn erbost, beim Viehhandel betrogen? Oder hat er mit den Leutchen unsaubere Geldgeschäfte gemacht? Jedenfalls ist die Sache so wichtig, daß der alte Amtsdiener andere Querulanten, die eben eingetreten sind, wieder mit sanfter Gewalt zur Thür hinausdrängt.

Es mag vielleicht in der Absicht des Künstlers gelegen haben, mit Bildern, die nicht ausschließlich durch ihren Gehalt an Schönheit, Anmut und Humor wirkten, den Beschauern ein Rätsel aufzugeben, um sie zu einer mehr oder weniger glaubwürdigen Erklärung des Inhalts und der Pointe der Hand-

deren ehrwürdige, wenn auch vielfach zerstörte und verunstaltete Pracht, wie auf diesem Bilde der Prozeßverhandlung, einen seltsamen Gegensatz zu den kleinlichen Streitigkeiten kleinlicher Egoisten bilden, die vor diesen Schöpfungen künstlerisch hochbegabter Geschlechter von den stumpfsinnigen Nachkommen ausgefochten werden.

Auf einen weniger ernsten und hartnäckigen Ton gestimmt als diese Gerichtsverhandlung in der Stadt ist eine ländliche, die nach dem summarischen Brauch der Bauern „vor dem Dorfschulzen" (Abb. 79 und die Studien dazu Abb. 77 und 78) unmittelbar nach der That zum Austrag gebracht wird. Was der jüdische Mann, der sich mit der in keiner Lage verzweifelnden Zähigkeit und Gelassenheit seines

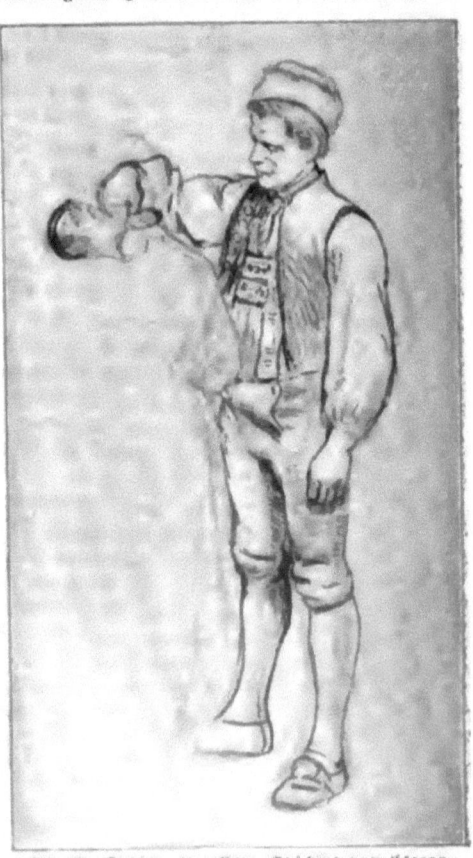

Abb. 68. Studie zu dem Bilde „Abschied vom Elternhause." S. S. 71.

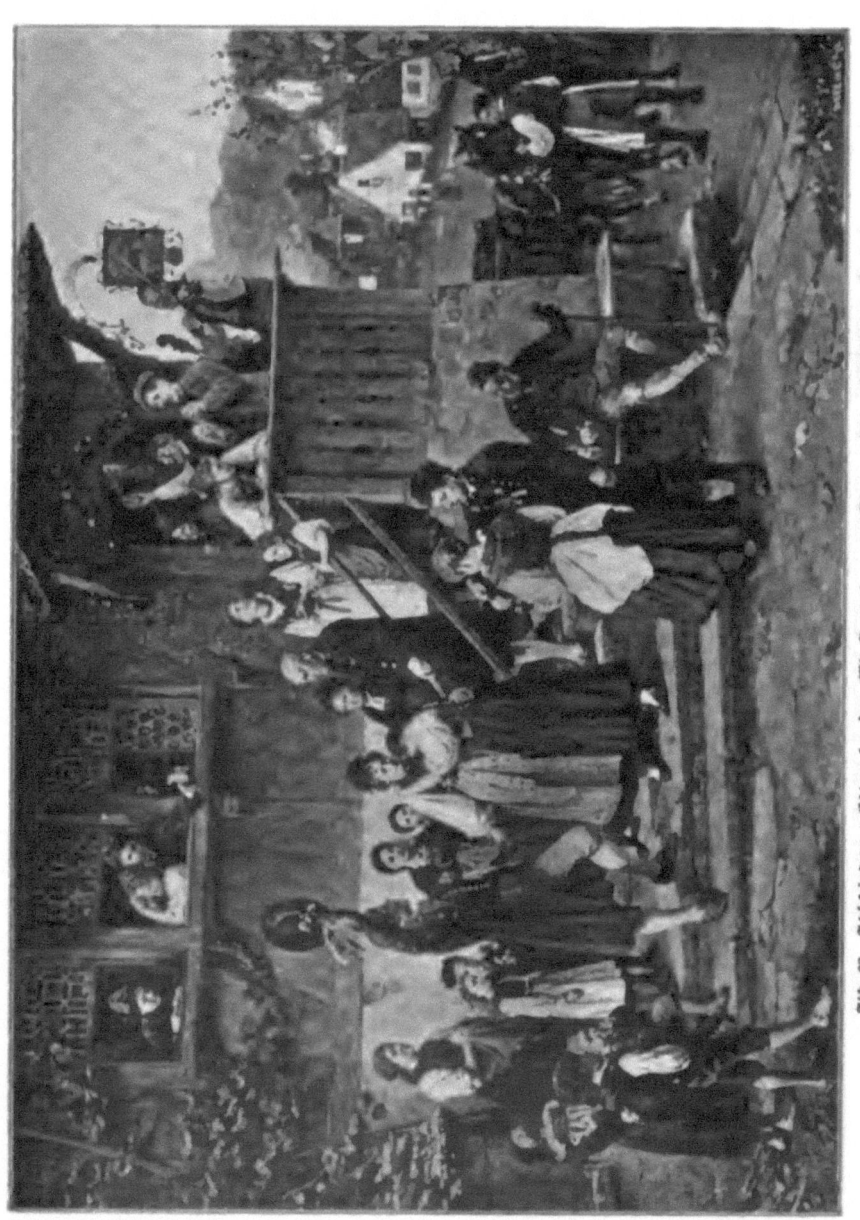

Abb. 69. Abschied vom Elternhause. (Mit Genehmigung der Photographischen Gesellschaft in Berlin.)

lung zu reizen. Einmal hat er jedoch, wie Pecht erzählt, durch diese Zumutung den Erfolg eines seiner gerade durch die Schärfe der Charakteristik ausgezeichnetsten Bilder, „Vor der Sitzung" betitelt, auf der Münchener Ausstellung von 1876 beeinträchtigt, weil die Mehrzahl der Beschauer aus der Bedeutung des Bildes nicht klug wurde und darüber „die treffliche Charakteristik der Einzelfiguren" vergaß. Pecht hat versucht, eine, wie uns scheint, zutreffende Deutung des auf dem Bilde dargestellten Vorgangs zu geben, die wir zur Erläuterung der Studien, die wir mitteilen können (Abb. 80—82), folgen lassen. „Wir befinden uns in einem noch der deutschen Renaissance angehörigen Sitzungssaal des Gemeinderats einer kleinen süddeutschen, wahrscheinlich rheinischen Stadt. Die Verhandlungen sind noch nicht angegangen, da

Abb. 70. Studie zu dem Bilde „Gang zur Civiltrauung." S. S. 73.

Abb. 71.
Studie zu dem Bilde „Gang zur Civiltrauung." S. S. 73.

der Bürgermeister noch fehlt, und die Herren stehen und sitzen einstweilen in Gruppen beisammen, sich auf den bevorstehenden Kampf rüstend. Denn es handelt sich anscheinend um nichts weniger als um die Abtretung oder Zuwendung irgend welchen Eigentums an die Kirche, wie man zunächst aus einem hinter dem hufeisenförmigen grünen Tisch bereit gehaltenen Stadtplan zu glauben geneigt wird. Vielleicht auch bloß um die Inscenesetzung einer ultramontanen Adresse, die ein langer, nur vom Rücken zu sehender Advokat, wohl ihr Redakteur, eben zwei schwarzgefärbten Stadträten, einem Bierbrauer unzweifelhaft altbairischer Nationalität und einem Gewürzkrämer, vorliest, während der eigentliche Intriguant,

Abb. 72. Gang zur Civiltrauung. Im Besitz des Freiherrn von Heyl in Worms. (Mit Genehmigung der Photographischen Gesellschaft in Berlin.)

Männer vertreten, offenbar die gebildetsten in der Gesellschaft, deren einer hinten an den Tisch gelehnt (Abb. 81) mit unzweifelhafter Ironie die Bearbeitung eines alten Rentiers, des Fanatikers in der Gesellschaft, über sich ergehen läßt, der ihn beschwört, doch ja sich dem Antrag nicht zu widersetzen. Links vorn setzt dann ein junger Gutsbesitzer (Abb. 80) sowohl einem radikalen Ökonomen als auch dem liberalen Schuster die Abgeschmacktheit der Sache auseinander. In diesem Augenblicke tritt ganz vorn der rechtskundige Bürgermeister, ein echter Bureaukrat, ein und wirft dem geistlichen Herren einen nicht gerade freundschaftlichen Blick zu, der jedenfalls zeigt, daß er sein Gewicht ganz sicherlich nicht in die Wagschale der

Abb. 73. Studie zu dem Bilde „Gang zur Civiltrauung." S. S. 73.

ein magerer Jesuit, als Stadtpfarrer mit still triumphierender Schlauheit nur beobachtet, wie das Netz ausgeworfen wird (Abb. 82). Der Bierbrauer zappelt schon mit Haut und Haar darin und ist ganz glücklich über die kraftvolle Vertretung der guten Sache in der Schrift. Der bedächtig am Ofen als Operationsbasis lehnende Cigarrenhändler und Stadtrat freut sich zwar auch, kann sich aber gewisser Bedenken doch nicht enthalten, sei's über die Verschleuderung städtischen Eigentums oder über den drohenden Verlust mehrerer, seine Stinkadores rauchenden Kunden, wenn er sich so offen zur kirchlichen Partei stellt. Die liberale wird durch zwei junge

Abb. 74. Studie zu dem Bilde „Auf dem Standesamte." S. S. 75.

Abb. 75. Auf dem Standesamt. (Nach einer Originalphotographie von Franz Hanfstängl in München.)

Abb. 76. Bauern vor Gericht. (Nach einer Originalphotographie von Franz Hanfstängl in München.)

Kirche werfen, der Kampf zwischen ihr und dem Staat also sofort auch in diesem kleinen Gemeinwesen entbrennen wird. Zwei trefflich erfundene, seelenlose Schreiber im Hintergrund und die Büste des Landesvaters über der Thür mit einem noch leidlich frischen Lorbeerkranz auf dem Haupt und einem von dort abgefallenen über der Brust vervollständigen das Ganze."

Wir wissen nicht, inwieweit der allzeit kampfesfrohe Pecht, der auch auf dem Gebiete der Kunstkritik seinem glühenden Haß gegen undeutsches Wesen und geistliche Mißwirtschaft immer beredten Ausdruck gab, bei dieser Erklärung dem Maler Absichten untergelegt, die dieser nicht gehabt hat. Jedenfalls hat sich Bautier sonst nicht als Maler an politischen und confessionellen Kämpfen beteiligt. Immerhin ist die Erklärung Pechts charakteristisch für die Fülle von Andeutungen, die Bautier in das Mienenspiel aller

Abb. 77. Studie zu dem Bilde „Vor dem Dorfschulzen." S. S. 79.

Abb. 78. Studie zu dem Bilde „Vor dem Dorfschulzen." S. S. 79.

Personen gelegt hat, für seine Virtuosität, jede Figur schon äußerlich so scharf zu kennzeichnen, daß man ihr Stand, Gewerbe, Umfang des geistigen Horizonts, sogar politische Gesinnung und religiöse Anschauung an ihrem ganzen Gebahren, an Tracht, Haltung und Bewegung ansieht. Wenn Pecht aber glaubt, daß dieses Werk Bautiers zu den „komponierten", also nicht der Natur abgelauschten Bildern gehört, so beweisen die von uns mitgeteilten Studien das Gegentheil. Bautier hat nicht nur das Ganze so oder ähnlich, wie er es dargestellt, in

Abb. 79. Vor dem Dorfschulzen. (Nach einer Originalphotographie von Franz Hanfstängl in München.)

Abb. 80. Studie zu dem Bilde „Vor der Sitzung."

der Wirklichkeit gesehen, sondern auch jede einzelne Gestalt sozusagen der Natur nachgeschrieben, nur daß er sie künstlerisch noch verfeinert und für seinen Zweck intimer erfaßt, stärker individualisiert hat.

Seine stärksten Erfolge erzielte Bautier aber immer, wenn er die Sonne seines Humors über dem schwäbischen Landvolk leuchten ließ. Diese Erfolge sind ihm bis in die neueste Zeit treu geblieben, wie sehr auch inzwischen die Entwickelung des modernen Kolorismus über ihn hinausgegangen ist. Als er im Jahre 1878 mit einem solchen Bilde humoristischen Inhalts, der schnell populär gewordenen „Tanzpause", einer Episode aus einer elsässischen Hochzeit (in der Dresdener Galerie, Abb. 84 und die Studien dazu Abb. 83, 85—90), einen besonders glänzenden Treffer machte, war von einem Kampfe zwischen den Anhängern der alten und neuen Richtung noch nichts zu merken, und so fand die Fülle von Anmut, Liebreiz und Schalkhaftigkeit, die Bautier in einem selbst für ihn ungewöhnlichen Maße über das Bild ergossen hatte, ungeteilte und unbestrittene Anerkennung und Bewunderung. Und auch jetzt hat das Bild, obwohl es seinen

Platz in einer öffentlichen Sammlung hat, in der auch die modernen Kunstrichtungen vertreten sind, trotz des Verzichts seines Schöpfers auf starke koloristische Wirkungen noch nichts von jenen schier unvergänglichen Reizen eingebüßt, die vor zwanzig Jahren seinen Sieg entschieden haben. Während die jungen Eheleute, deren Namen „Johann und Martha" uns das bekränzte Schild über der Thür verrät, noch in der Nebenstube ehrbar unter den Alten bei Tische sitzen, hat sich das junge Volk im großen Saale fleißig im Tanze gedreht. Um sich und den nicht minder erschöpften Musikanten, die eng aneinander gedrängt auf einem nicht gerade Vertrauen erweckenden, aus Tonnen und Brettern improvisierten Gerüst sitzen, die Zeit zur Sammlung frischer Kräfte zu lassen, ist eben eine Pause gemacht worden. Die Musikanten reinigen ihre Instrumente und feuchten ihre Kehlen an, und die schmucke Wirtin geht im Saale herum, um durch Anfeuchten des Fußbodens mit einem mit Wasser gefüllten Trichter

Abb. 81. Studie zu dem Bilde „Vor der Sitzung."

den aufgewirbelten Staub zu dämpfen. Erhitzt und ermüdet lehnen auch die hübschen Tänzerinnen an der Wand. Einige benutzen die Pause, um ihre in Unordnung geratene Toilette wieder herzurichten, und eine der hübschesten, die gewiß am eifrigsten getanzt hat, wischt sich mit der Schürze den Schweiß von der Stirn, als sie mit froh aufleuchtendem Lächeln gewahr wird, daß ein stattlicher Bursche, auch mit strahlenden Augen, auf sie zuschreitet, um ihr einen erfrischenden Trunk zu reichen. So spinnt sich aus dem, was sich in der Nebenstube vollendet hat, ein neues Werden und Werben an, das wohl auch zu einer ebenso fröhlichen Hochzeit gedeihen wird.

Abb. 82. Studie zu dem Bilde „Vor der Sitzung."

Abb. 83. Studie zu dem Bilde „Tanzpause." S. S. 83.

Die elsässischen Volkstrachten, die uns auf diesem Bilde in ihrem höchsten Glanze gezeigt werden, sind von denen des Hanauer Ländchens, das, wie schon gesagt worden, den Übergang vom eigentlichen Schwarzwald zu den Alemannen im Elsaß bildet, nur sehr wenig verschieden, und sie berühren sich auch vielfach mit denen des Markgräfler Landes. Die Trachten der jungen Bursche und der verheirateten Männer sind sogar völlig gleich, und bei den schwarzen Kopfschleifen der Mädchen ist eigentlich nur darin ein kleiner Unterschied zu erkennen, daß bei den Markgräflerinnen bisweilen die Enden der breiten Bänder in Fransen auslaufen. So bleiben wir auch, trotz der früheren politischen Grenzen, in demselben Land, wenn wir in die Bauernstube blicken, in der sich eine lustige Gesellschaft von Burschen und Dirnen zur Winterszeit an dem neckischen Kartenspiel „Schwarzer Peter" vergnügt (Abb. 93 und die Studien dazu Abb. 91, 92, 94). Der Raum ist offenbar eine treue Wiedergabe der Natur. Man hat nicht die Empfindung, daß irgend etwas zur Verstärkung

Abb. 84. Tanzpause. (Elsässische Hochzeit). (Mit Genehmigung der Photographischen Gesellschaft in Berlin.)

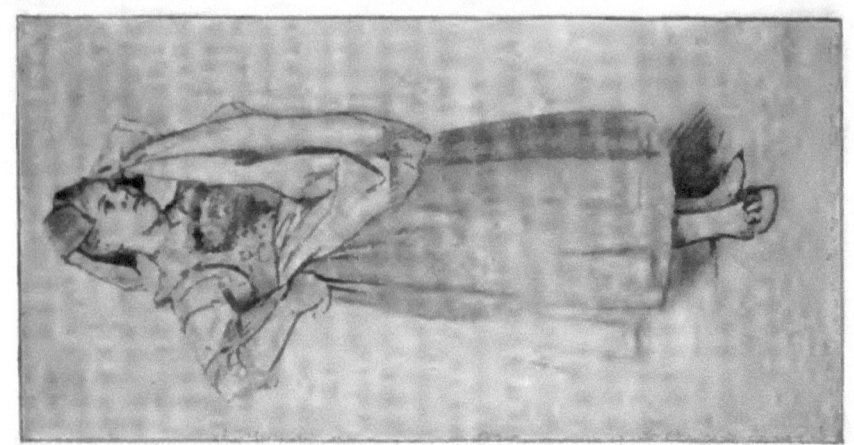
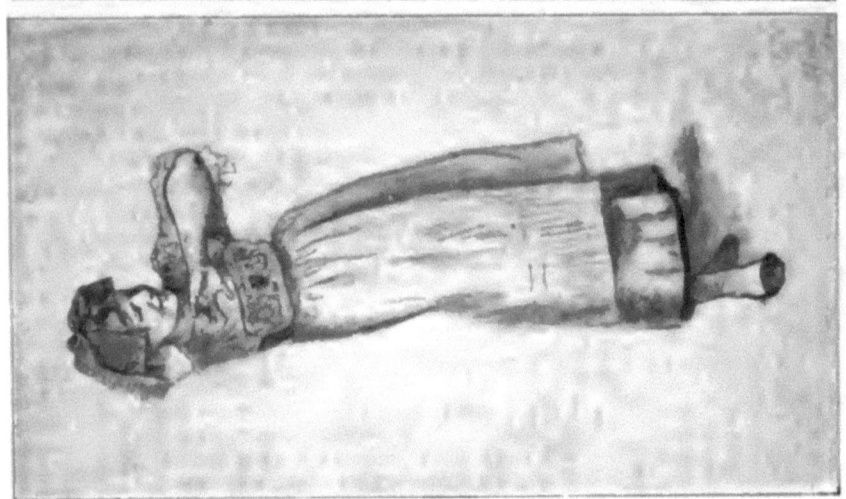
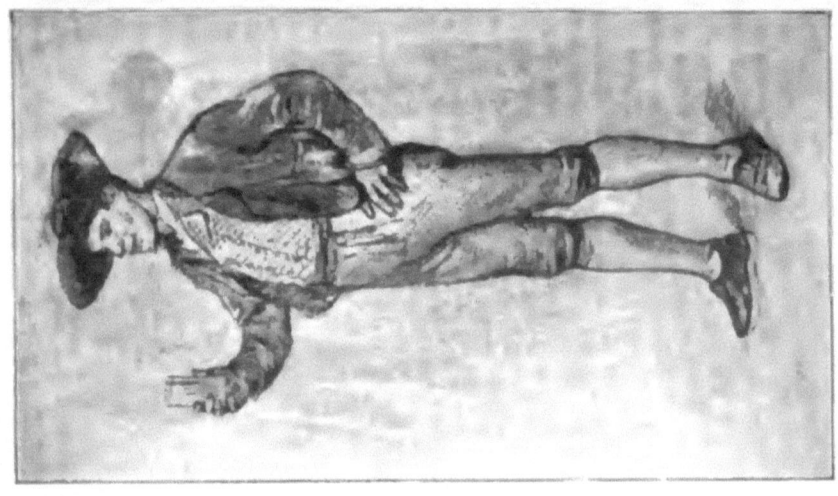

Fig. 85—87. Studien zu dem Bilde „Tanzpause." S. 8 73.

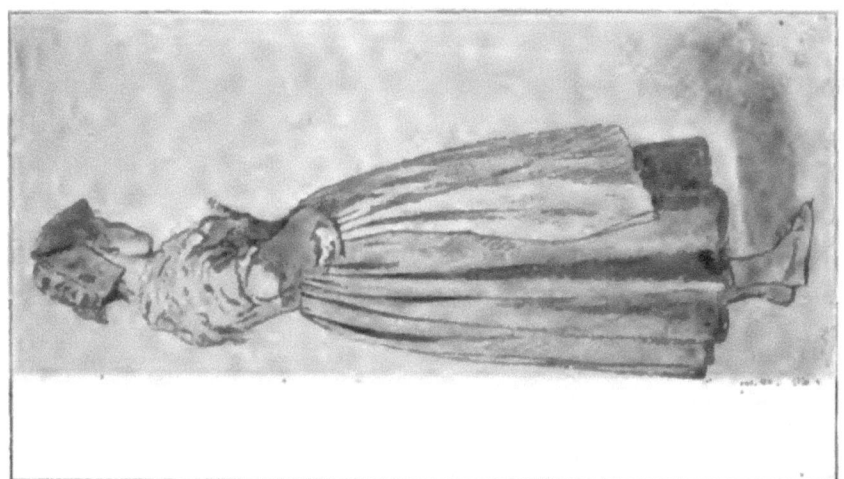

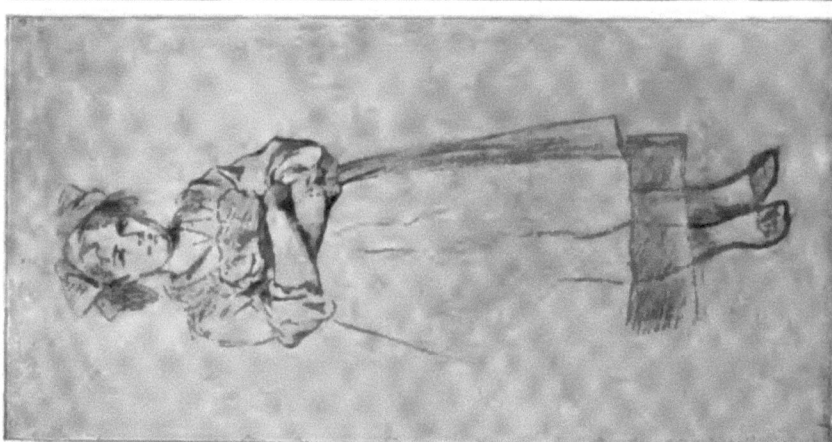

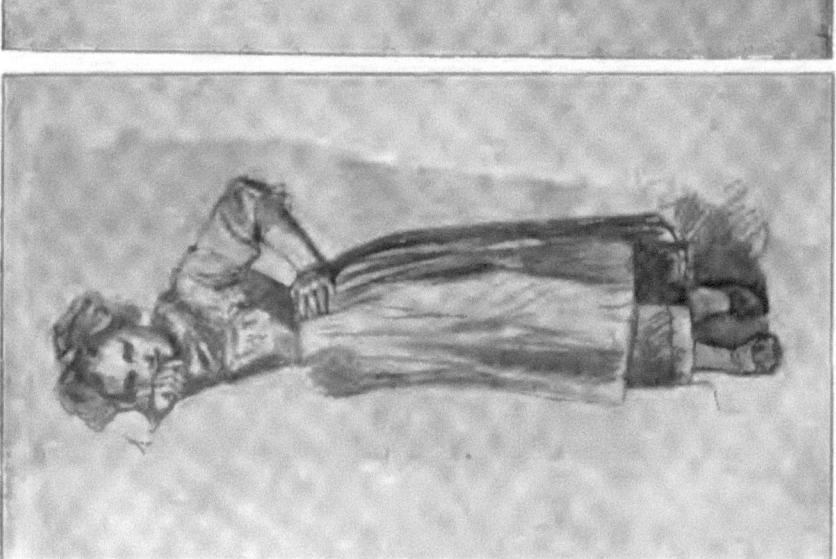

Abb. 88—90. Studien zu dem Bilde „Tanzpause." S. E. 81.

Abb. 91.—92. Studien zu dem Bilde „Schwarzer Peter." S. S. 87.

Abb. 93. Schwarzer Peter. (Mit Genehmigung der Photographischen Gesellschaft in Berlin.)

der malerischen Wirkung hineinkomponiert ist; man hat nicht das frostige Gefühl, wie vor den „Schwarzwälder Bauernstuben" unserer kunstgewerblichen Ausstellungen, die mit allen Mitteln der forschenden und sammelnden Wissenschaft als „klassische Typen" konstruiert worden sind. Selbst wenn man Wachsfiguren mit Kostümen von unanfechtbarer Echtheit in diese überaus korrekten Räume hineinsetzt, wird man nicht die volle Befriedigung empfinden, die uns ein Bautiersches Bild wie dieses gewährt. Auch hier gewinnen wir den Eindruck, daß der Künstler diese Scene irgendwo einmal gesehen haben muß, daß er sie mit seiner blitzschnell empfangenden Anschauungs- und Gedächtniskraft festgehalten und dann nach und nach durch Einzelstudien den Gewinn eines Augenblicks zu einem in allen Teilen gleich ausgereiften Kunstwerk ausgemünzt hat.

Eine solche schnell und scharf beobachtete Scene aus dem Leben wird uns auch in einer ländlichen

Abb. 94. Studie zu dem Bilde „Schwarzer Peter."

Abb. 95. Studie zu dem Bilde „In der Barbierstube." S. S. 89.

Barbierstube am Morgen eines Sommersonntags vorgeführt (Abb. 95 und 96), wo der Dorf-Figaro alle Hände voll zu thun hat, um dem Andrang der Kunden Stand zu halten. Da er anscheinend keinen Konkurrenten zu fürchten hat, waltet er mit fröhlicher Gelassenheit seines Amtes. Er weiß, daß ihm keiner entgeht, auch der Bauer nicht, der eben die Thür öffnet und Mund und Nase vor Überraschung über die lange Reihe seiner Vordermänner aufreißt, die mit jener Geduld warten, die dem Bauern das Bewußtsein verleiht, daß heute nichts mehr zu schaffen ist.

Seitdem Knaus und Bautier den Schwarzwald für die Malerei entdeckt haben, hat es ihnen, wie es

Abb. 96. In der Barbierstube. (Mit Genehmigung der Photographischen Gesellschaft in Berlin.)

Abb. 97. Studie zu dem Bilde „Das entflohene Modell." S. S. 91.

vom Mißgeschick verfolgten Maler, der mitten in seiner Arbeit durch die Flucht eines seiner schönsten Modelle in die ärgste Verlegenheit geraten ist. Er hat den kleinen Flüchtling, begleitet von dem Jungen, der sein Malgerät trägt, und der übrigen Dorfjugend, bis in das elterliche Haus verfolgt, wo er die ganze Familie beisammen findet und bei der Mutter der Kleinen, die ihm übrigens gerade kein liebevolles Verständnis entgegenbringt, Beschwerde führt. Dieses durch viele humorvolle Einzelzüge belebte Bild, das auch durch die Feinheit in der Behandlung des Helldunkels im Hintergrunde des hohen Raums koloristisch sehr anziehend wirkt, war wieder einmal ein vollkommener Treffer. Es fand so großen Beifall, daß Bautier schon im folgenden Jahre (1887) ein Seitenstück dazu malte, auf dem er im Gegensatz zu der schenen Kleinen, die in dem Gebahren des Malers ein Attentat

auch) Defregger mit Tirol ergangen ist, natürlich an zahlreichen Nachfolgern nicht gefehlt, die mit ihren Studienmappen das ganze Land durchzogen haben und noch durchziehen, oder sich gar, wie z. B. Wilhelm Hasemann, dort angesiedelt haben. Aber nicht allen ist es gelungen, sich in der Landbevölkerung so viel Vertrauen zu erwerben, wie es den beiden Pionieren nach jener oben mitgeteilten Erzählung von der alten Schwarzwälderin, die einem von ihnen gar ihr Enkelkind zur Frau geben wollte, sofort auf den ersten Anlauf geglückt ist. Ein Bild Bautiers, „Das entflohene Modell" (Abb. 97 und 99), erzählt uns eine höchst ergötzliche Geschichte von solch einem

Abb. 98. Studie zu dem Bilde „Auf der Studienreise."

Abb. 99. Das entflohene Modell. (Nach einer Originalphotographie von Franz Hanfstängl in München.)

auf ihr Leben gewittert hatte, „ein williges
Modell" darstellte (Abb. 100 und 102), das
so vortrefflich, wenn auch viel weniger gleich-
gültig „posiert", wie das erfahrenste Akademie-
modell. Und dabei hat der junge Maler, der
in einem Halbkreise staunender Zuschauer sitzt,
noch den Vorteil, daß sich neben der stattlichen
Dirne mit dem Rechen noch zwei nicht minder
anmutige Modelle in den beiden Mädchen
darbieten, die sich mit halben Oberkörpern
neugierig lächelnd über die Brüstung der Thür
beugen. Ein drittes Bild aus diesem Stoff-
kreise führt uns einen flotten Maler auf der
Studienreise vor Augen, der ein junges Mädchen um Feuer für seine erloschene Pfeife ge-
beten hat, dabei aber einen indiskreten Blick
auf die noch nicht ganz vollendete Toilette der
etwas verlegenen Dorfschönen wirft (s. die
Studien zu diesem Bilde Abb. 98 und 101),
und auf einem vierten Bilde (Abb. 103 und

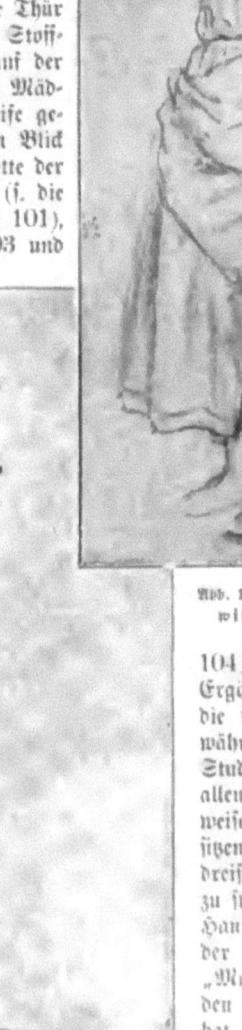

Abb. 100. Studie zu dem Bilde „Ein
williges Modell." S. S. 93.

104) sehen wir zu unserm
Ergötzen, daß die Mädchen,
die sich den jungen Malern
während ihrer sommerlichen
Studienreisen als Modelle in
allen Ehren gern gefällig er-
weisen, auch Witz genug be-
sitzen, um ihren mitunter etwas
dreisten Verehrern einen Possen
zu spielen. Die Tochter des
Hauses, worin ein Maler auf
der Suche nach dankbaren
„Motiven" seine Werkstatt für
den Sommer aufgeschlagen
hat, macht sich den Spaß, in
der Abwesenheit des Künstlers den auf der Staffelei
stehenden Studienkopf nach
dem hinter ihr sichtbaren,

Abb. 101. Studie zu dem Bilde „Auf der Studienreise."

Abb. 102. Ein williges Modell. 1867.) Nach einer Originalphotographie von Franz Hanfstaengl. (Copyright 1899 by Franz Hanfstaengl in München.)

Abb. 103. Studie zu dem Bilde „Ohne Genehmigung des Urhebers." S. S. 95.

erwartungsvoll lächelnden Mädchen — „ohne Genehmigung des Urhebers" — nach ihrer Art zu korrigieren, indem sie den schwellenden Mädchenlippen ein leckes Schnurbärtchen aufpinselt. Vielleicht will sie den Maler dadurch von seinem hübschen Modell ab- und auf eine andere, ihr willkommenere Fährte lenken. Jedenfalls hat sie dem Maler schon so viel abgesehen, daß sie den Pinsel einigermaßen richtig zu handhaben weiß, während allerdings ihre Linke noch eine völlige Unkenntnis von dem farbenkleckfenden Wesen einer Palette verrät. —

Bautier ist einer der wenigen begnadeten Künstler, die nach einer langen Zeit des Ringens die Früchte einer strengen Selbstkritik ernten, indem sie sich Jahrzehnte hindurch auf der einmal errungenen Höhe mit Sicherheit behaupten. Seit dem Ende der sechsziger Jahre ist von einem Entwicklungsgange des Künstlers eigentlich nicht mehr zu reden, weder in aufsteigender noch in absteigender Linie. Man kann z. B. ein Werk aus der Mitte der siebziger Jahre, wie die „Poststube" mit ihren wartenden Passagieren, dem Postillon und der Kellnerin, die ihn bedient, getrost neben ein ähnliches, aber noch figurenreicheres Bild aus dem Jahre 1896 stellen, wo sich eine zahlreiche Gesellschaft von Schwarzwälder Bauern und Bäuerinnen mit allem Anhang auf der Heimkehr von einem Wochenmarkt in einem Wirtshaus gütlich thut, dabei aber nicht die gegenseitige Begrüßung nach dem steifen Bauernzeremoniell vergißt. Ein Unterschied ist weder in der

Farbe noch in der Charakteristik zu erkennen, nur daß sich diese dem unermüdlichen Studiensammler Vautier zu immer größerer Mannigfaltigkeit gestaltet. Als Charakterzeichner steht er unter den deutschen Genremalern unerreicht da, und das bedeutet um so mehr, als er sich aus dem großen deutschen Vaterlande doch nur ein verhältnismäßig kleines Stück für seine Forschungen herausgeschnitten hat, die er allerdings mit größter Gründlichkeit betreibt.

Mit den Bildern, die wir als besonders bezeichnend für seine künstlerische Eigenart aus seinem Schaffen herausgehoben und näher analysiert haben, ist der Umfang seiner künstlerischen Thätigkeit noch keineswegs erschöpft worden. Es giebt noch viele Bilder Vautiers, die durch ihr Erscheinen auf großen denkwürdigen Kunstausstellungen, durch ihre Aufnahme in öffentliche Sammlungen oder durch Reproduktionen in Kupferstich ebenso populär geworden sind, wie ein Teil der von uns in Worten geschilderten oder abgebildeten. Aus der Gruppe der Humoresken und Idyllen erinnern wir nur an den „Besuch am Herd" (1873), die „Taschenspieler", den „Besuch der Braut" bei den Eltern ihres Bräutigams (1880), die „Unfreiwillige Beichte", die ein Geistlicher, der auf einer Bank im Freien sein Brevier liest, von einem Liebespaar in der Nähe zu hören bekommt (1881, im Museum zu Basel), und den „Galanten Professor" (1885, in der Sammlung Künstlergut in Zürich). Auf der ernsten tragischen Seite des Bauernlebens bewegen sich u. a. die Bilder „Rückkehr des verlorenen Sohnes", dessen tiefgekränkter Vater sich noch trotzig abwehrend gegen die gütliche Zusprache der alten Lebensgefährtin verhält (1885, in der Kunsthalle zu Hamburg, s. die Studie dazu Abb. 105), die ergreifende Tragödie „Verlassen", deren Wirkung selbst auf jugendliche Gemüter die beiden für sich sprechenden Studien Abb. 106 und 107 erkennen lassen, „Der Witwe Trost" (Abb. 108) und die „Bange Stunde" (1887, im Besitz des Fürsten von Liechtenstein, Abb. 109).

Abb. 104. Ohne Genehmigung des Urhebers. (Mit Genehmigung der Photographischen Gesellschaft in Berlin.)

Original im Museum zu
Bern oder durch den
trefflichen Kupferstich von
Paul Girardet kennen
gelernt hat. Diese ein-
fache Scene aus dem täg-
lichen Leben hat durch
den feierlichen Ernst der
Auffassung einen fast
monumentalen Zug er-
halten. Über das Zu-
fällige hinaus ist sie zu
einem Typus patriarcha-
lischen Lebens geworden,
zu einem Denkmal echt
deutschen Volkstums, an
dessen Wurzeln noch nicht
die finsteren Mächte ge-
rüttelt haben, die jetzt
überall deutsche Art und
deutsche Sitte zu ver-
nichten drohen. Von der
Last des Alters gebrochen
hat der Großvater das
Recht, sitzend im Lehn-
stuhl das Gebet vor-
zusprechen, während die

Abb. 105. Studie zu dem Bilde „Rückkehr des verlorenen Sohnes."

Abb. 106. Studie zu dem Bilde „Verlassen."

Die junge Frau, die apathisch in einem
Lehnstuhl ruht, sichtlich noch von schwerer
Krankheit umfangen, ist der Mittelpunkt
zärtlicher Sorge einer ganzen Familie.
Drei Generationen, die Großmutter, die
Schwester, der junge Gatte und der blühende
Knabe der eben aus der Schule heimgekehrt
ist, heften ihr ganzes Sinnen und Denken
auf die liebevolle Hausfrau und Mutter,
und der Dorfarzt, der eine Krisis zu erwarten scheint, teilt ihre Sorgen. Trotz
der einfachsten Mittel hat der Künstler diesen
Augenblick tiefen Familienleids so geschildert,
daß sich auch der Beschauer unwillkürlich
zur Teilnahme herangezogen fühlt, und
diese Beredsamkeit des Malers, die keine
andere Sprache als die von Herz zu Herz
spricht, zwingt auch jeden zur Andacht, der
Bautiers „Tischgebet" entweder durch das

andern, Söhne, Töchter, Kinder und Gesinde andächtig im Kreise um den Tisch stehen, bis das Amen! das Zeichen zum Austeilen der Suppe giebt. Nur der jüngste Sprößling der Familie, ein lockiges Knäbchen, macht ein verzweifeltes Gesicht, weil ihm die Zeit zu lang dünkt, ehe er sein Brod in die Suppe tauchen kann.

* * *

Maler sind uns am verständlichsten, wenn sie durch ihre Werke unmittelbar auf unsere Augen wirken können. Wir haben darum den Meister soviel wie möglich selbst reden lassen und dem begleitenden Wort nur einen bescheidenen Raum gestattet. Es giebt Künstler, deren eigene Beredsamkeit so groß ist, daß das beschreibende Wort eines andern dahinter zurückbleibt, und durch seine unerschöpfliche Kunst

Abb. 107. Studie zu dem Bilde „Verlassen."

Abb. 108. Studie zu dem Bilde „Der Witwe Trost."
Rosenberg, Bautier.

des Fabulierens hat Bautier sich dem deutschen Volke auch so leichtverständlich gemacht, daß seine Kompositionen nur selten eines erläuternden Kommentars bedürfen. Und weil er meist sehr viel, jedenfalls immer etwas zu sagen hatte, war er nicht genötigt, seine Zuflucht zu koloristischen Kunststücken zu nehmen, um die Leere des Inhalts mit einem buntglitzernden Mantel zu bedecken. Auch hätte ein durch starke Mittel reizendes Kolorit, das prunkend in den Vordergrund tritt, das harmonische Gleichgewicht seiner Kompositionen gestört, die Aufmerksamkeit der Beschauer von der intimen Feinheit seiner Seelenmalerei abgelenkt. In der Beschränkung auf das Ziel, das er sich gesteckt, hat er ein höchstes erreicht, und darum wird er, wie eine jede abgerundete, zur vollen Entfaltung ihrer Kräfte gediehene künstlerische Individualität, einen Ehrenplatz in der Geschichte der deutschen Kunst behaupten. Was ihm eine kurzsichtige Kritik unserer Zeit zum Vorwurf gemacht hat, daß er mehr Erzähler als Maler sei, wird ihm, wenn die Lehren der Kunstgeschichte nicht trügen, die Nachwelt zu besonderem Vautiers Bilder, gleich denen Defreggers, noch früher erringen, weil die Welt, die er, wie wir Lebenden noch kontrollieren können, mit unverbrüchlicher Wahrheit nicht bloß äußerlich schildert, sondern in ihrem innersten Wesen erfaßt hat, vor dem Untergange steht. Daß es ihm, dem

Abb. 109. Studie zu dem Bilde „Bange Stunde."

Ruhme anrechnen. Wir haben gesehen, wie gerade die „Erzähler" unter den florentinischen, venezianischen und niederländischen Malern des 15. Jahrhunderts durch die Naivität, Unbefangenheit und Treue in der Schilderung ihrer Zeitgenossen in unsern Tagen zu hoher Schätzung gelangt sind, weil ihre Schöpfungen zugleich wertvolle Urkunden für die Sittengeschichte ihres Jahrhunderts sind. Diese Schätzung werden Schweizer französischer Abstammung, gelungen ist, so tief in die Seele eines der charaktervollsten und tüchtigsten deutschen Volksstämme einzudringen und in allen ihren Falten zu lesen, hebt den Unterschied der Nationalitäten auf. Ein Deutscher in der Gesinnung ist der klassische Maler des Schwarzwaldes auch ein Deutscher in der Kunst, den wir mit Stolz den unsrigen nennen dürfen!

Benjamin Vautier in einem Atelier. Nach einer Aufnahme von Genil. Luck in Düsseldorf.